泉城文库

辛弃疾

赵林云 著

海右名士丛书

济南出版社

图书在版编目（CIP）数据

辛弃疾 / 赵林云著 . -- 济南：济南出版社，
2024.4
（海右名士丛书）
ISBN 978-7-5488-6240-6

Ⅰ . ①辛… Ⅱ . ①赵… Ⅲ . ①辛弃疾（1140-1207）
-传记 Ⅳ . ① K825.6

中国国家版本馆 CIP 数据核字（2024）第 059765 号

辛弃疾
XINQIJI
赵林云　著

出 版 人　谢金岭
责任编辑　姚晓亮　孙彦晗
装帧设计　牛钧

出版发行　济南出版社
地　　址　山东省济南市二环南路 1 号（250002）
总 编 室　0531-86131715
印　　刷　济南新先锋彩印有限公司
版　　次　2024 年 4 月第 1 版
印　　次　2024 年 4 月第 1 次印刷
开　　本　160 mm × 230 mm　16 开
印　　张　16
字　　数　178 千字
印　　数　1—4000 册
书　　号　ISBN 978-7-5488-6240-6
定　　价　58.00 元

如有印装质量问题　请与出版社出版部联系调换
电话：0531-86131736

前言

从 21 岁离开济南，到 68 岁在离济南 1200 多公里的江西铅山瓢泉去世，辛弃疾再也没回到过他的故乡。

而且，离去的时候，他是那么急促、匆忙。

他带着 50 个骑兵，冲到几万人的金兵营帐中，抓住张安国并把他扔到马背上，然后策反据说有一万多原起义军的弟兄连夜向南奔驰。为了不闹出响声，马蹄上裹着布，马嘴里衔着木棍，他们越过金军的封锁线，摆脱追击，渡过淮河，再渡过长江，来到杭州。

那样的走，没有告别。因为，没有时间，没有机会，也没有心情。但是，那样的走，却是为了有一天能够归来。

想象一下辛弃疾当时的心情，他应该没有想到，这一走，再也没踏上归途。这一走，“四十三年，望中犹记，烽火扬州路”。是的，那次南奔时，他路过扬州。

这一走，他一辈子都没能回来。

但是，对辛弃疾来说，从到南方的第一天起，整个后半生，他一直心心念念的，耿耿于怀的，满怀希望的，不是别的事，就是归乡。打回老家，驱除金人，解放北方。然后，在家乡安度余生。

可以说，在那总共长达 47 年的时光里，他没有一天不在想回家的可能，没有一天不在做回家的梦。

好几次和不同的皇帝见面，每一次，他都要想方设法谈到北伐，哪怕有的皇帝根本就不愿意听。他给孝宗皇帝上疏的《美芹十论》，其主题就是如何对付金国。甚至还给出具体的战法，比如一旦战事起来，最好从平原和海上登陆齐头并进，山东唾手可得，然后再向北推进……他始终坚信不疑，只有先解放山东，才能顺利地解放整个北方。

和南宋的朝臣接触、交友，他都毫不犹疑地青睐那些坚定的、坚强的主战派，像虞允文、叶衡、周必大、赵汝愚、史正志、范邦彦等。

和学者诗人们来往，他也都是和那些主张北伐复国的文人发展友情，如陈亮、陆游、范成大、姜夔、韩元吉与朱熹、吕祖谦等。

辛弃疾 21 岁之前，有 3 年跟着爷爷到安徽亳州求学，其余的 18 年都在济南度过。从一生的时间段来看，18 年并不算太长。但是，济南是他独一无二的家乡，是他魂牵梦萦的地方，是他亲生父母和最亲的爷爷的安眠之所。

济南有泉，有湖，有山，有河流，有荷花。济南遥墙有四风闸村，有他的童年、少年和青年时光。济南还有辛弃疾聚义过的灵岩寺，有他短暂而激烈跌宕的戎马生涯，有他斩杀义端与活捉叛贼的战斗记忆。

一个人热爱自己的家乡，本是天经地义之事，不需要任何理由。然而，对辛弃疾来说，似乎还要格外多几层含义。正是因为父母早亡，他的思念就更加强烈；正是因为家乡沦陷敌手，怀念与拯救之情就更为深沉；正是因为一离开，几十年再也不能回去，那归心就一天天一月月一年年不停地生长，最后，在他的心里长成了一棵参天大树。

他在《菩萨蛮·书江西造口壁》中写道：“郁孤台下清江水，中间多少行人泪。西北望长安，可怜无数山。”在向着西北眺望之时，难道他没有将执着的目光望向自己的家乡？造口壁位于江西赣州，从那里看西安，和看济南基本上是同一个方向，都是向北，只不过一个稍微偏西一个稍微偏东一点。中间都隔着无数“可怜的”山河，隔着无数的岁月，隔着无数的无奈，和无数的遗憾。

他在《满江红·题冷泉亭》中写道：“醉舞且摇鸾凤影，浩歌莫遣鱼龙泣。恨此中，风月本吾家，今为客。”在杭州灵隐寺飞来峰下，有一眼泉叫冷泉，白居易、苏东坡都写过它。辛弃疾则与他们不同，他除了欣赏与赋诗，更多的是浓烈地想起自己的家乡济南，那个多泉的城市。家乡的景色本也和这里一样美好、迷人，可叹的是，可恨的是，可悲的是，眼下的自己，却只能在南国做一个过客。

他在《青玉案·元夕》中写道：“众里寻他千百度。蓦然回首，那人却在，灯火阑珊处。”有人说这个难寻的“那人”，是一位刚刚“笑语盈盈暗香去”的漂亮姑娘，而王国维则将之说成是人生的第三种境界。如果结合辛弃疾的一生喜厌爱恨来看，“东风夜放花千树”会不会同时也是他家乡的某个节日盛景，而“那人”是他寻来寻去的亲人，父亲、母亲，抑或是爷爷？小时候，大人们一定带他去看过济南元宵节的花灯。

或者，“那人”干脆就是他后半生一直寻寻觅觅的家乡的代称呢！

他在《清平乐・村居》里写道：“大儿锄豆溪东，中儿正织鸡笼。最喜小儿亡赖，溪头卧剥莲蓬。”这是辛弃疾田园生活的生动写照，父亲看着孩子们在田间、湖边忘我地劳动、玩耍，悠闲之情溢于言表。而他的家乡济南，本是荷叶田田之地，遥墙曾经是济南的荷花之乡。在辛弃疾幼小时，父亲或者爷爷肯定也同样用喜悦、怜爱的目光看着他在地头调皮地“卧剥莲蓬”。那一刻，与其说他看到了孩子们的快乐，毋宁说他刹那间穿越时空，再次看到了自己。

《清平乐・村居》写于江西的上饶，这里正是他晚年钟爱的隐居之所。因为这里有带湖，不远处有灵山，一定像极了济南的大明湖和千佛山。

因为想家，因为要养老，因为知道回不去，所以，他要在1000多公里之外的江南某地，营造出一个模拟的家乡。后来，他又迁移到铅山的瓢泉，更是因为那里有两眼泉，四季流水不断，日夜叮咚作响，像极了济南的趵突泉、黑虎泉、珍珠泉……

实际上，在定居上饶之前的那些年，他一直都在路上。

滁州、广德、江阴、南京、赣州、江陵、南昌、杭州、福州、绍兴、镇江等，每一次迁移，至少都有好几百里，有的甚至是千里奔波。可以想象，在那些漫长而孤寂的跋涉中，他会不止一次把卸任赴任的路幻想成归乡的长途——或者率兵杀回，或者荣归故里。

回家的方式，他一定设想过很多种，但只有一种结果，他从来都没有想到过，那就是再也回不去。甚至，在他几十年的宦海浮沉中，除了刚开始的滁州，其余的时间里，他连长江都没有渡过。

他的身和心，长时间陪伴着祖国山河的割裂。也就是说，他的心一直都在归乡的路上，但北方，却成了他一个终生无法做成的大梦。

悠长的岁月中，庆幸的是，他有诗词相伴。他可以在诗词里想念，在诗词里颂赞，在诗词里陶醉，在诗词里呼唤，在诗词里安慰自己，在诗词里义无反顾地踏上归途，一次次回到魂牵梦萦的故乡。

他的名字叫弃疾，而他的一生，不仅要远离自己身体上的疾病困扰，更重要的是，要去掉那个巨大的心病，就是家乡的沦陷。这样看，他倾其一生所做的归乡梦，就是解放家乡，收回中原，光复北国。

他的家乡梦，实际上就是家国梦。他的归乡梦，也就是归国梦。

18 世纪德国天才诗人诺瓦利斯曾说：“哲学原就是怀着一种乡愁冲动，到处去寻找家园。”

这样来看，归乡不仅是辛弃疾的人生“哲学”，更是他的信念和信仰，所以才会那么坚定，那么恒久，那么矢志不移。

1207 年 10 月 3 日，68 岁的辛弃疾，带着满心的痛憾，在江西铅山去世。临死前，他还连着大喊了三声“杀贼”，才咽的气。

剑胆诗心北国魂的辛弃疾，一生中真正的戎马生涯十分短暂，也就是他南渡前一年多的时间。那么，他之所以大喊起“杀贼”，一定是他在弥留之际的恍惚之间，瞬间回到了故乡。

或者说，他打回了故乡。而这时候，对他来说，故乡和天国是同时降临的。

目录

第一章　降生济南府　国破故园殇　001

第二章　父母英年逝　爷孙赴南方　019

第三章　亳州初学成　怀志曾北上　035

第四章　聚义起抗金　历城得解放　049

第五章　大捷灵岩寺　会盟宏愿张　071

第六章　激战东平城　追杀贼和尚　089

第七章　奉表赴京城　单骑闯敌营　103

第八章　宦海奔波多　成家立业忙　119

第九章　吴天楚地阔　大鹏任翱翔　139

第十章　上饶好去处　湖山仿故乡　163

第十一章　高山流水遇　挑灯看剑亮　183

第十二章　心意通大儒　世事总无常　197

第十三章　山中看陆游　江边神州望　217

第十四章　瓢泉倦心安　铅山遗恨长　231

第一章

降生济南府　国破故园殇

中华民族发祥于黄河流域，也在此不断繁衍，形成相对稳定的疆土和族群。然而，在中国北方，却相继出现过众多以游牧或渔猎为主要生活方式的少数民族，他们不断交融，你争我夺，此消彼长。他们偶尔也会南下，扰掠中原，对汉民族的统治和版图形成程度不同的侵蚀。秦汉以降，魏晋南北朝中，北朝的五个国家都是少数民族建立的政权。唐宋之间的五代十国里，后唐、后晋与后汉也都属于少数民族政权。到了元朝和清朝，少数民族干脆统一了全国。

在元和清之前，还有一个极为特殊的时代，汉人与少数民族各据南北，分而治之，这就是南宋和金朝。

靖康二年（1127），宋徽宗、宋钦宗父子二人被俘后被金太宗贬为庶人，北宋灭亡。金军在北宋都城东京（今河南开封）一带大肆劫掠后，于当年三月立张邦昌为帝，国号“大楚”。然后分两路北撤，一路押着徽宗、郑皇后及亲王、皇孙、驸马、公主、妃嫔等，另一路押着钦宗、朱皇后、太子、宗室等。此外，被押解北上的，还有教坊乐工、技艺工匠、百姓男女共3000多人，并携带数不清的文典书籍、宝器法物。这就是历史上著名的“靖康之耻”。

宋徽宗

值得一提的是，后来成为南宋宰相的秦

桧，也在被押解的队伍里面。

宋钦宗

金国扶植伪楚政权后，曾作为人质的康王赵构逃至应天府（今河南商丘），于当年五月初一在此即位，改元建炎，成了宋高宗，后定都临安（今浙江杭州），建立南宋王朝。

北宋灭亡后，朝廷南迁，山东全境沦陷于金国。南宋建炎二年（1128），金兵南下时，河北人刘豫为济南地方长官，看到北方大乱，本想逃往南方，被朝廷拒绝。后来金兵围城时，刘豫投降金军。南宋建炎四年（1130），金朝扶植他作为傀儡政权的头目，封他为“大齐皇帝”，建都大名府（今河北大名县）。之后刘豫派遣自己的儿子刘麟会合金军渡淮南侵，但屡战屡败，招致金朝不满。南宋绍兴六年（1136），刘豫又征发中原民兵大举侵宋，结果大败，溃不成军，伤亡极重，使得民怨沸腾，金朝只能将他废为蜀王，伪齐政权也随之消失。

当时，全国大约有1亿人口，由于北方沦陷，大批宋人纷纷迁往南方，但仍然有很多人因为各种原因留在了北方金人统治之下。

济南为历史名城，因位于古代济水之南而得名，南部为泰沂山脉。遥墙镇在济南东北不远。北宋前期，济南还属京东路，治所仍在历城，这也就是人们常说“先有历城县，后有济南府”的来源。再早，汉代的济南国位于东边的章丘境内，一代枭雄曹操就做过济南国相。后来，济南从章丘向西迁至历城。遥墙镇紧挨历城，其商业和市井规模都远超一般乡镇。

北宋时期，黄河从济南北边流淌而过。靖康之耻的第二年，也就是1128年，为抵御金兵南下，守将杜充在滑州（今河南滑县）人为决开黄河堤防，造成黄河大改道，下游由原来的东北向转为东南向，入海口也由原来山东的渤海改为江苏的黄海。然而，这一举动不仅没能阻止金军，还导致数十万当地百姓被淹死。一个衰落的朝代，大片地区沦陷，似乎连黄河这样的大河都悲伤地弃之而去。

遥墙镇四风闸村位于历城东15公里处，地处小清河畔，一马平川，风光秀美，原名四横闸，因建有四个闸口而得名，后沿称四风闸。村里有始建于北魏时期的龙泉寺，寺内香火旺盛，有两棵高大的古银杏树。

四风闸村的辛家早年间从西北迁移而来，经过130多年的繁衍生息，已经成为这里的一大望族。生于宋真宗景德年间（1005年左右）的

位于济南遥墙镇四风闸村的稼轩故里

辛维叶，为隋朝司隶大夫辛公义之子辛亮的18世孙，自甘肃狄道（今甘肃临洮县）始迁济南，官至大理评事，相当于后来的八品承事郎，是为济南辛氏始祖，经过五代传至辛弃疾。二世辛师，官至儒林郎，正九品上。三世辛寂，为滨州司理参军，官至正七品，其于宋哲宗元祐五年（1090）前后生子辛赞，后辛赞又生子辛文郁，也就是辛弃疾的父亲。

辛家自迁入济南地区以来，家族人丁兴旺，规模不断扩大，开枝散叶，自然形成了一个较为庞大的家族，人口达到数百近千。族中子弟外出为官或者经商，却也不将家庭迁出，他们的妻妾、儿女大多留守故乡，习惯于倚门遥望他乡漂泊的丈夫或父亲。而那些在外的男子们最终还是依据古老华夏的习俗，在垂垂老去的年龄回到魂牵梦萦的故乡。辛家得以有殷实的家产与良好的家风，亲戚中不乏当地的名士，分散居住于历城和遥墙镇，彼此有着千丝万缕的联系，在济南当地颇具名望。

然而，这种平静的生活，到北宋末年，被不断南侵的金人打破。靖康之变后，宋王朝面临天崩地裂、倾覆存亡的危机，辛氏家族的子弟们从各地回到故乡，召开家族会议，商量相应对策，决定家族命运下一步何去何从。摆在他们面前的是前所未有的险恶形势：女真人在北方攻城陷地，俘虏了宋朝两代皇帝，将宋高宗赵构赶往南方，占据了北方大部分地区，宣布所有人必须立即向新政权效忠，凡是敢于抵抗的人格杀勿论。这时候，每一个有家有室、有族有群的汉人都必须做出艰难的抉择：是走还是留？是生或者死？每个人心中都做了无数次的盘算，这样的关头不由得他们不彷徨、不纠结。

辛赞北宋时曾中过进士并担任官职，金兵入侵时，因考虑到父母年长和庞大家族的利益，加上对故土的挚爱与留恋，没有随朝廷南移。

山东被金军占领以后，先后受金人挞懒和伪齐统治。伪齐时期，刘豫几次派人请辛赞出仕，都被他拒绝。伪齐政权垮台后，金人慕其名望，又多次登门邀请他入仕金朝政权，威逼利诱的手段尽数使上。辛赞当时有40多岁，考虑到家族的生存，迫不得已开始在金朝做官。

正像那些曾经在异族统治下为官的人一样，辛赞白天在官府内本本分分工作，每每回到家中，常会被内心的矛盾所困扰。南迁的朝廷里主战派与主和派不停角逐，此消彼长，中原子民刚开始还对南宋的北伐怀抱莫大期望，时间一长，种种迹象一点也没显示出朝廷北上的决心和举动，慢慢也就开始失望。

因为连年战乱，北方很多地方的村寨都有自己的武装，遥墙镇四风闸村也不例外。以辛家为主要成员的武装人员多时能达到1000多人，一旦有什么风吹草动，土匪盗贼过境或骚扰，他们可以迅速集结起来，保护族人生命和村寨安全。鉴于辛家在当地的影响和家族里历来就有习武练兵的传统，四风闸村的这支武装在当地远近闻名，连济南南部山区里的响马都惧之三分，金人地方政权自然也对之有所忌惮。

时间慢慢流转，南北战事稍息，有些阶段看上去似乎彼此相安无事。然而，历史常常不会就那么平庸前行，况且在当时的中国，身为亡国奴的屈辱和艰辛，始终沉重地压抑在北方汉人的心上。

到了金天眷元年（1138），辛赞被调任安徽亳州谯县县令，他只得告别家人南下，一去就是一年的时间，只在春节期间或者家里有什么大事才能回到家乡。临走之前，他主持了儿子辛文郁的婚事，将历城另一望族王家的大小姐娶进家门，算是了却一桩心事。看到两个人卿卿我我、恩爱有加，做长辈的也算十分欣慰。儿子婚期过后不久，辛赞就启程到亳州赴任。

辛文郁与王氏夫人属于一见钟情，感情甚笃，爱情花开，很快便结出丰硕果实。

金天眷三年（1140）五月十一日不到卯时，太阳还未升起，四风闸村东的辛家大院里一片繁忙景象，丫鬟和仆人匆忙地出出进进，北厢房里的灯已经点亮，接生婆在里面静候良久，院子里站着不少人。辛文郁在母亲房间里陪老人说话，一家人都在焦急等待。离产期越来越近，夫人忽然感觉身体不适，请历城知名郎中前来诊视。从各种迹象看，很可能是个大胖小子，又说胎气过盛，不太稳定，加上夫人体质比较柔弱，所以生产时要格外小心。

正因为此，临近生产时，丈夫也格外捏着一把汗。

辛文郁是辛家这一门的长子，如果夫人真如郎中所言生出个小子来，辛家也算是后继有人，好好培养，将来好为国出力，说不定还能为恢复大宋江山做出贡献。想到此，辛文郁就更是多了几分担心；为了不让母亲忧虑，他只能佯作镇定，陪着老人家东家长西家短地闲聊。

半个时辰过去，天渐渐亮了起来。忽然屋子里传来“哇——”的一声响亮啼哭，划破最后的夜色，传出去很高很远，像是一声嘹亮的歌唱，同时也像是一种宣告，似乎在说：“世界你好，我来了！”

辛家人脸上的表情一下子放松下来，现出喜悦之色。小公子的诞生给辛家带来新的生机，连日来，一大家人都为之欣喜不已。

喜添孙儿的消息传到安徽亳州，在那里任谯县县令的辛赞高兴得喝了一场大酒。辛文郁和夫人请老父亲为孩子起名，辛赞思忖再三，决定叫他弃疾。

中国人给孩子起名有很多习惯，有一些忌讳，更有一些独特智慧，比如双关、谐音和寓意，比如正话正说与正话反说。正说不难理解，正话反说的例子倒也不少。想让孩子好养活，就给他起名字叫狗蛋、铁蛋之类。当然，这样的名字多见于田间劳作之人和贩夫走卒。对于官宦与大户人家而言，名字的文化色彩自然必不可少，有时也追求直接朴素的愿望表达，常常还暗含对孩子前途的期冀，希望将来能长大成人并建功立业。

弃疾这个名字直率而寓意丰富。在农耕时代，能够吃饱，无灾无病，这是人们最基本也是最大的愿望。辛赞真心希望孙儿能远离疾病，健康成长。更重要的是，祝愿他将来能像汉朝的霍去病一样，成为可用之才，国家栋梁。这名字很有可能还暗含另外一层意思，那就是当时的国家一分为二，是不是也算是重疾在身？如果是的话，那么弃疾名字里的这个“弃”，就应该有为国家祛除病症之意。

辛赞给孙子起名时肯定想了很多，但有一点他可能不会想到，自己的孙子日后不但成为一位传奇的爱国志士，同时还以伟大诗人的身份千古留名，不仅是在宋朝文学史，在整个中国文学史册中都闪烁着耀眼光芒。

因为难产，文郁夫人得了一场大病，诊治休养月余才渐渐好转。

小弃疾乖觉可爱，睁着一双好奇的大眼睛打量这个陌生的新世界。父母的呼唤和逗弄，自然界的风声与雨声，甚至院子里小猫小狗的一举一动，都会引起他浓厚的探索兴趣。

金人的统治还在继续，南宋的偏安一时也没有明显改观，时间推移如天边漫卷的白云，有的消失，有的到来，有的时隐时现。

一年的时间很快过去，辛弃疾一周岁了。这天，父母召集家人聚在一起，按照济南的民间习俗，给他举行抓周仪式。

一张宽大的凉席上，小弃疾坐在正中间，旁边摆着笔、墨、纸、砚、算盘、钱币、首饰、花朵、胭脂、吃食和其他一些玩具，大家颇为期待地要看看小家伙到底对哪样东西更感兴趣。小弃疾甫一坐定，先睁大眼睛看看周边围了一圈的大人，似乎努力探究着他们眼神的深意。然后低头看向身旁的物件时，一点都没犹豫，一下就把那支毛笔紧抓在手里，还使劲地在席子上划拉着，像是现在就要迫不及待地书写什么。

父亲和母亲相视一笑，心里颇多安慰。

但是，接下来的一幕使大家又有了新的收获。

小弃疾左手握笔，又伸出右手，在那些物件中扒拉了一遍，似乎还不满足，接着抬头四处寻找，目光最后定格在远处墙上悬挂的一把剑上。

那是辛文郁平时爱不释手的佩剑，辛家一代代传下来的，一把产自河南古棠溪的宝剑。当年辛文郁成年时，辛赞将它亲手交到儿子的手中，并嘱他将来一定苦练武艺，以图报效国家，为家族增光添彩。

刚开始，人们一下子还没明白小弃疾的意思，以为他只是无意识地乱指一气，但他的手一直举在那里，指向那把长剑不动，还目不转睛地看着它。

辛文郁只得将那把剑从墙上轻轻取下，慢慢放到儿子跟前。小弃疾一下子就兴奋起来，奋力爬向那把宝剑，一旦到手，便咧开嘴，大笑不止，发出响亮清脆的笑声。

就在这时，从院子外面进来一位道士，看到正抱着宝剑笑个不停的

位于稼轩故里的
辛弃疾雕塑

辛家小公子，不由得在一旁感叹道："哎呀，这个孩子可是有龙虎之相啊！"

那位道士从函谷关而来，修行颇深，这次是被辛府专门请来做法事的。他的话让人们的脸上流露出惊奇的表情，继而大家都开心地笑了。

辛弃疾出生的第二年，南宋与金国签订绍兴和议。此前，金兵南侵，南宋反攻，两边你来我往，各有胜负。就在岳飞率领岳家军大举收复失地之时，一心只想着保住皇帝宝座的宋高宗在秦桧的怂恿下放弃抵抗，召回岳飞，于绍兴十一年（1141）十一月，与金国议和。

让人不解和难以接受的是，南宋承受的和议条件十分苛刻：两国以西起大散关（位于陕西宝鸡西南）东至淮河中游为界，南宋将唐州、邓州以及商州、秦州的大半都割让给金国。南宋每年还要给金人进贡岁银25万两，绢25万匹。每年春季的最后一个月，宋朝派人将这些物品送到淮北宋金边境的泗州城。此外，南宋不得追赶从南宋逃跑到北方的人；反过来，南宋却不能隐匿北方的逃跑者，必须将其引渡给金国。和议还明文规定，南宋不得在边境驻扎重兵。

本来，金国统治区的人民就备受盘剥欺凌，忍受着暗无天日的屈辱压迫，而绍兴和议的出笼意味着这种日子还要继续下去，前不久刚刚被岳飞反攻成功激发出的希望转瞬间灰飞烟灭，南宋收复故土的前景变得更加遥不可期。

百姓的痛苦始终是百姓的痛苦，而皇帝却有着自己的念想与盘算。

宋高宗为了迎回自己的生母和已经去世的宋徽宗的灵柩，答应金国会杀掉岳飞。绍兴十一年末（1141）的除夕夜，宋高宗赵构和秦桧以"莫须有"的罪名在杭州处死岳飞与其子岳云、部将张宪。就这样，以岳飞的千古冤案和一半宋朝子民的命运为代价，宋高宗的愿望得以实现。他以迎接皇帝的隆重仪式将他60多岁的生母韦贤妃迎进临安城（今浙江杭州），而代表去世的宋徽宗的只是一具空棺，连残骸都没有。此外，还有一个宋钦宗，仍留在金人的手里。

和北方大部分沦陷地区一样，济南人民也一直生活在金人统治的水深火热中，尽管金人政权有明显的汉化倾向，但这并没有丝毫减轻金人处处刁难汉民的状况。一旦遇到利益纠纷，金人就会对汉民大打出手，欺凌强迫。和穷困潦倒的生活相比，第二重艰难来自那种为人奴役的痛苦。所以，在北方很多地区，诸如山东、河北、陕西、河南等地，不断有汉民忍受不住金人欺压，举起抗金义旗。

在这样的大环境下，辛赞身在金人的官场，别有一番为难与不易，既不能做有损大宋子民的事情，又要保持好一位知识分子的人格修养，他不得不尽力发挥聪明才智与金人官员虚与委蛇、设法周旋。

现在，辛赞和辛文郁父子二人又多了一项工作，就是对辛弃疾的养育和教导。

宋金时期，儿童的启蒙教育大体分几种形式，由富户人家出资操办的私塾，称之为义塾。还有的私塾，会向来上学的孩子家里收取一定的费用。个别大户人家，则把先生请到家里，给孩子上课。辛家历代为官，又慷慨大方，便出钱资助兴办了义塾。辛弃疾理所当然地被送到那里读书学习。

辛弃疾天资聪颖，勤奋好学，无论是用来启蒙的《千字文》《百家姓》，还是古典诗词与经史子集，他都能对所学内容过目不忘，认真研习。爷爷和父亲还经常给他讲述历史上爱国志士的故事，像汉朝的李广、霍去病，还有同时代坚决的抗金派李纲、宗泽和岳飞等。

辛弃疾在家人的呵护和关怀下幸福成长，年龄稍大，家里又请来专门的私塾先生，辅导他学习各种文化经典。父亲辛文郁喜欢武术，就言传身教，让儿子从小便练习拳术套路。辛弃疾确实天分过人，小小的年纪，已能熟背数百首唐诗宋词，拳脚功夫的一招一式，也学得惟妙惟肖。

爷爷辛赞还在安徽亳州的谯县任职，只有过年的时候才会回到济南和家人团聚。他做官的目的本来就是为保护家人，所以一向小心翼翼，审时度势，并仔细捕捉着金朝官场动向和金宋两国关系的微妙变化。

辛文郁在金朝的济南府里也担任着一个不大不小的官职，他虽然饱读诗书，且有从政的才能，但比起读书和做官来，他更喜欢舞枪弄棒，遍访名师，从而练得一身好武艺，在历城一带很有名气。辛文郁身上颇有梁山好汉的遗风，喜欢打抱不平。特别是自山东沦陷于金人统治后，心怀报仇复国愿望的辛文郁，面对南宋朝廷的软弱常常恨其不争，因而愁眉不展。

只有辛弃疾的聪明伶俐，还时常能给他带来些许难得的快乐。

从济南遥墙往西南20余公里，小清河北岸不远，有一座不高的小山，叫华山，山虽不大名气却不小。华山古时称华不注，意思是像一朵开在水中的花朵。古人谓之“不连丘陵以自高，孤峰特拔以刺天”，春秋时期齐晋之间的“鞌之战”即发生于此。公元前589年，傲慢的齐顷公率军在济南北马鞍山下与前来的晋军决战，结果出师不利，齐顷公被晋军追逼，跑到华山脚下，“三周华不注”，幸得大臣逄丑父与之更衣换位，始得逃脱。唐代大诗人李白曾专门写过此山：“昔我游齐都，登华不注峰。兹山何峻秀，绿翠如芙蓉。”

古时，华山脚下的水面和大明湖都连在一起，茫茫无际。

父亲辛文郁带着辛弃疾来攀登华山，只见山上草木旺盛，藤蔓丛生，一条盘山小道直至峰顶。没多久，辛弃疾已经气喘吁吁。父亲一边鼓励他，一边沿途给他讲解华山的历史。陡峭的山路被甩在身后，山风徐徐吹来，不时有鸟儿飞过他们的头顶。没多久，他们就登上山顶。正是秋高气爽时节，放眼望去，西南方向一大片水域广阔悠远，远处的历城历历在目，一片清丽的秋天景色在大地上铺展开来，一行大雁正往南飞，来路的山坡上层林尽染，景色奇绝迷人。

辛弃疾禁不住高兴地叫了起来，他那稚嫩却嘹亮的喊声在山顶回荡着。

沿着父亲指的方向，辛弃疾看到，在华山东北方向不远，还有一座小山巍然屹立。父亲告诉他，那就是卧牛山。卧牛山又叫九里山，山下

水墨画般的华山

也曾经是古战场，“韩信破历下，尝驻于此”。济南古称历下邑，楚汉相争，刘邦得势，但齐王田广割据济南，派兵守历下抵御汉兵。公元前204年，刘邦一面派说客郦食其赴齐劝诱，一面派大将韩信从德州平原渡黄河屯兵卧牛山。齐王田广受骗，撤去防御历下的兵士，韩信乘虚而入，齐王大败，历下遂归于汉。

辛文郁有声有色讲着韩信如何攻破济南的故事，辛弃疾听得津津有味。讲到最后，辛文郁不由得长叹一声，说道：“如今，这么好的家乡，这么好的山河，却都落在外人的手里！”辛弃疾再抬头看父亲的脸，从那严肃的表情和犀利的目光里，他读到了忧伤和愤恨。

临下山前，父亲指着卧牛山下，颇有几分神秘地对辛弃疾说：“你看到山下那片浓密的树林了吗？那是父亲常去的地方。”辛弃疾好奇地问道：“离家这么远，父亲去那里做什么？”父亲微微笑了笑，用一只大手拍着儿子的脑袋说：“孩子，等你长大了，就知道了！”

这些游览经历，让辛弃疾对故乡的山川有了切身的体验，同时在父亲和爷爷的教诲下，他还感受到了很多其他东西。他知道，除表面的快乐和祥和，大人们的内心还装着另外一个世界：那里充满秘密、不满，并且有所期盼。

济南位于鲁中南低山丘陵和鲁西北冲积平原之间，南边就是泰沂山脉。济南地貌属于平缓的单斜构造，地势南高北低，高低差达500米，有利于地表水和地下水向城区汇集。

此外，在南部山区与城区之间，地下多为石灰岩结构，南部水源便不断渗水到济南城地下。而在济南和北边的小清河、大清河之间，地下为组织紧密的岩浆岩地质，地下水被阻断拦蓄，便从地下缝隙中往上涌动，形成众多上涌泉，造就了济南泉城的美名。

济南是历史名城，又称为泉城，从春秋战国开始就以泉水著称。《左传·桓公十八年》载："公会齐侯于泺。"2700多年前，齐国和鲁国因边界争执发生战争。公元前694年春天，鲁桓公到齐国谈判，与齐襄公在趵突泉见面。泺就是现今的趵突泉一带。唐宋八大家中的曾巩和苏辙，都在济南做过官，都写诗赞颂过这里的泉水。

除了趵突泉，济南还有大明湖和千佛山。大明湖久负盛名，北魏地理学家郦道元在《水经注》里就有记载："其（泺）水北为大明湖，西即大明寺，寺东北两面侧湖。"古时南至濯缨湖，北至鹊山和华不注山，都是一望无际的湖水，湖阔数十里，平吞济泺。六朝时，因湖内多生莲荷，还被叫作莲子湖，宋代时又有"西湖"之称。宋时曾巩曾有诗道："问吾何处避炎蒸，十顷西湖照眼明。"

湖中的历下亭历史久远，每到春夏之交，湖里开满荷花，荷田绵延不绝，李白、杜甫、苏东坡都来过这里，并留下不朽的诗作。因为弟弟苏辙，苏东坡来过不止一次。

千佛山属于泰山余脉，海拔285米，古称历山，因山上有千佛寺而得名。相传舜帝为民时，曾躬耕于此，所以也叫舜耕山。济南有著名的"齐烟九点"之景，指的是在千佛山齐烟九点坊北望所见到的九座山头，华山、卧牛山、北马鞍山都在其中。沿千佛山石阶往上，可见千佛崖，多有隋代石佛，传神动人。千佛崖下，还有黔娄洞。据传，战国时期齐国的隐士黔娄曾在此隐居多年。

爷爷辛赞和父亲辛文郁不止一次带着辛弃疾游历济南城，观览这些名胜古迹。趵突泉清澈无比的泉水，大明湖开阔的碧波和争奇斗艳的荷花，千佛山古老的传说和佛像，都给少年辛弃疾留下了不可磨灭的印象。

有时候，这种游览的足迹还会向东延伸，直至章丘的百脉泉和龙山文化遗址。

章丘也是济南的一部分，龙山文化和它的代表物品黑陶，都是这片土地上的骄傲。最让人自豪的，是这里出了个女词人李清照，早辛弃疾56年出生于此。李清照的很多诗词，辛弃疾都能背诵，尤其是她的“生当作人杰，死亦为鬼雄。至今思项羽，不肯过江东”，铿锵的音节格外打动辛弃疾幼小的心灵。他禁不住想，要是将来长大了也能做一个诗人该多好啊。到那时候，自己不仅要在诗里表达自己的愿望，在实际生活中，也要努力做一个“人杰”，为恢复大宋江山做出贡献。

在平陵古城，辛赞还给辛弃疾讲述曹操的故事，讲他怎样伟大，也讲他如何奸诈的一面，讲他和济南国的关系，讲述他的军事思想和传奇经历。

这些美丽的景色和历史传奇人物，都在辛弃疾的心里烙下深刻印记，家乡济南也因之成为他永远的热爱与眷恋。

唯一遗憾的是，如此美丽的家乡济南，如今却完全归异国统治。这使得辛弃疾幼小的心灵里，一直隐藏着一种异样情感。

第二章

父母英年逝　爷孙赴南方

牛皋加入岳家军

环境腐败，蚊虫滋生。皇帝昏庸，坏人横行。

绍兴十七年（1147）三月，受宠得势的秦桧为斩草除根，密令手下爪牙，以宴请各路大将为名，用毒酒将抗金名将牛皋害死。牛皋是河南鲁山人，南宋初年聚集民众自发抗金，后加入岳家军，颇受岳飞敬重，在对金作战中屡建战功。牛皋临死前悲愤地说："所恨的就是南北通和，使我不能马革裹尸而死，而死在屋檐之下！"

牛皋死后，埋在杭州西湖栖霞岭剑门关紫云洞口，与岳飞墓遥遥相望。

这一年，辛弃疾刚好7岁，用现在的眼光来看，到了上学的年龄。

一个人没有家，就是一个毫无着落的浪子；一个国家或地区一旦被殖民，那他的子民就必然成为低人一等的二等公民。南宋时期，中国北方的汉人就是如此。

当时，在北方，金人对原宋朝子民的欺凌随处可见。这种大面积长时间的压迫很容易引起激烈无比的反抗。自南宋成立以降，在金国统治的北方广袤地区，经常爆发规模不等的起义，对金人的地方统治造成威胁，齐鲁大地自古多豪爽侠士，富于家国情怀，自然更不例外。

这些起义有时候是大批的农民聚集山林，有时候也以一些地方望族为主要骨干，有的则是宋金战争中被金军打败的散兵游勇。还有一些更小规模的反抗，来自最底层的民间村落，他们有时会借机聚集一起，进行一些秘密的破坏行动，以打击金人统治的基础，然后又快速返回民间，隐匿于一般的顺民中。在北方各地，许许多多反抗金国统治的组织和个体，以不同的形式聚合着、演变着，有的在悄悄积攒力量。

其中，济南遥墙四风闸村的辛家就是一支不可忽视的潜在力量。

辛家家族人数众多，影响深广，加上辛赞和辛文郁都在官府任职，不光在遥墙当地很有实力，在济南府也有较高的知名度。

辛赞因为家族的牵累没能随大宋朝廷南下，辛文郁深受父亲影响，年轻时就立下为大宋收复中原效力的理想。辛文郁虽然在金朝官府里任职，但职位卑微，无心图谋仕途发展，平时除了应付公差外，更多的时间是和家族里的青壮年悄悄组织起一支相当规模的辛家军，按照正规军的方式进行操练，一旦遇到战乱可以看家护院，保护村寨安全。同时，他们还在为另一个隐秘的心愿默默等待机会。

遥墙西南不远的卧牛山，偏僻幽静，是辛家军秘密练兵的地点。有时候一百多人，有时候数百人，最多的能达到上千人。除了辛家和遥墙的青壮年外，附近一些反金豪侠志士也都慕名而来，加入辛家军。

实际上，这种秘密操练已经在此进行好几年了。平时，人们将兵器藏在山上一个又宽又深的山洞里，需要时再搬运出来。他们不光在此练习拳法和兵器，有时还重点演练各种用作阵地战的兵阵。在辛文郁的心里，有着比简单杀几个金人更深远的构想。

辛文郁长得颀伟英俊，性格刚烈，古道热肠，属于典型的山东大汉，他为人仗义疏财，乐于交友，平日里也多有应酬来往。官府里事情不多的时候，也常和亲朋好友推杯换盏、畅谈豪饮一番。

辛文郁还是一个不乏柔情的好父亲，对儿子关爱有加，寄予厚望。

每次从官府回到家中，特别是晚上喝点酒后，趁着酒力，他总是要先和儿子玩上一会儿再去休息。有时不管儿子睡着了没有，都要把他抱起来又搂又亲，往往都是等到夫人轻声嗔怪，才会住手。

辛文郁在对辛弃疾的教育上不敢有丝毫懈怠，只要一有闲暇，就会带儿子四处游走，给他讲孔孟经典与名人志士故事，以期从小培养他忠君爱国的思想，长大后能灭金复国，扬眉吐气。

生活的变故常常发生得毫无征兆，一个意外的事件，却改变了辛文郁的命运。

可能是金军的嗅觉过于敏感，或者是有人告密请赏，也可能是辛家军在那里集训时间过久，有一些蛛丝马迹为外界探知，终于有一天，辛文郁带领族人在卧牛山秘密练兵的事情被金人发现。

那是夏末的一个黄昏，辛文郁和往常一样，带领辛家军在卧牛山下苦练攻防阵法，上千名金军步骑突然将那里围了个水泄不通，辛家军来不及撤离，只好正面迎敌。

南宋时期，在金人统治区域，一旦发现汉族民众聚众习武、演练、排兵布阵，官府往往按谋反罪处置，必杀头无疑。辛家族人为保证辛文郁的身份不被暴露，自觉组成作战方队，上前抵挡金兵，与之展开殊死搏斗。但辛家军毕竟不是正规部队，人数上又不占优势，很快就落了下风，有死有伤，四处逃散。

辛文郁骑着一匹快马，从卧牛山山腰高大的山洞里驰骋而出，手里挥舞着那把祖传的棠溪宝剑，刚拐过弯儿，就遇到两个金兵。辛文郁没有躲避，而是照直冲了过去。那两个金兵举枪来刺，说时迟那时快，只见一道寒光闪过，其中一个已应声倒地。接着，辛文郁勒住马缰，一阵嘹亮的马嘶声后，他已经连人带马折转身来，追上另一名金兵，手起剑落，那金兵立即倒地，一动不动了。

辛文郁打马快速向山脚下奔去，又来到一个山道拐弯处，眼看就要突出金兵的包围圈时，被埋伏在草丛里的金兵一箭射来，正中右侧大腿，一阵锥心的疼痛登时传来，低头看时，整个右腿已鲜血直流。他强忍剧痛，继续快马加鞭，一路狂奔，逃回遥墙家中，刚进家门，就晕倒在地。

家中很快请来济南城里最有名的郎中查看伤情，开具药方，抓来瞿麦丸内服，另外用牡丹、白蔹和烧酒内服，还用米汤灌注伤口，但伤情一直不见好。

第二天，辛文郁腿上的伤口开始出现溃烂，整个腿部感染情况越来越重，后来干脆无法行走。

原来，金兵使用的箭头事先被抹了毒药。

第三天，辛文郁大腿部位的伤口颜色开始变黑，整个人的气色都显得很差，精神渐渐有些萎靡。

远远近近的医生都请过了，他们看着日益加重的箭伤，知道箭毒已达内脏器官，再无回天之力。又过了一两天，辛文郁连吃饭和呼吸都变得困难，情况越来越不好。

家人知道辛文郁已经时日无多，赶紧派人通知远在安徽的辛赞。辛文郁的夫人衣不解带，连同仆人和丫鬟，都在旁侍候。辛弃疾虽然还小，但7岁的他已经非常懂事，早晚都过来看望父亲，并祈祷父亲早日康复。

这天，辛文郁将辛弃疾召至病床前，用微弱的声音对儿子说：“我们虽然身在金国，但都是大宋子民，我们的家乡本来属于宋朝领土，因为朝廷孱弱，才落入外族之手。你一定要好好读书，刻苦练武，研习兵法，将来长大后驱除金人，报效自己的国家！”

小弃疾满含泪水，频频点头，嘴唇紧绷着。虽然家里人觉得他年幼懵懂，没有告诉他父亲得病的实情，但他从家里人的言谈举止已约略知道父亲受伤的原因。金人对汉人的压迫，他自幼耳闻目睹，遥墙的亲戚和邻居中，有遭受金人迫害流离失所的，有被金人杀戮亲人的，仇恨的种子早就在辛弃疾的心中埋下根苗。

尽管他还小，还不能彻底了解失去父亲对他一生的影响，但从父亲满怀寄托的眼神中，从母亲的悲凄中，从家丁的哀伤中，他能感受到即将失去父亲的痛苦。

就在这天夜里，被箭毒深侵脏腑的辛文郁气息渐弱，最后撒手尘寰。

第二天，辛赞骑快马日夜兼程从安徽赶回，疾步来到停驻在正屋的儿子遗体前，不禁放声痛哭。丧子之痛深深打击着他，知道儿子的死因后他的内心更是充满痛悔。当时朝廷南移，自己因为父母双亲年老尚在，需要他留守尽孝，不得已在金朝的官场上任职，所有的屈辱只能独自隐忍。恢复大宋江山的心愿却一直在他的心里珍藏，他平时也特别注意研究金人的军事策略和指挥系统，以便将来能为南宋抗金所用。而现在，儿子正值壮年，却被金人暗箭夺去性命，他似乎意识到，自己为这种委曲求全付出的代价过于巨大了。

辛赞苍老而绵长的悲声打动了在场的所有人，大家一边劝着他，一边陪着他掉泪，一家老小哭成一团，那哭声越过院子里的老枣树树梢，传出去很远。辛弃疾一直跟在爷爷身边，看着爷爷悲伤的样子，他也不停地擦着眼泪。

家族里的年轻力壮者憋足了劲，摩拳擦掌要给辛文郁报仇，都被辛赞制止了。他忍着悲痛劝诫他们，对金人的斗争艰巨复杂，要从长计议，不能意气用事。

办完儿子的丧事后，辛赞告知家族的年轻人，卧牛山的练兵地点不能再去了，大家赶紧将原来各自藏在家中的兵器，趁夜间转移到济南南部山区藏龙涧一带。

辛弃疾的母亲出自济南城内一个大户人家，容貌秀丽，温柔贤淑，和辛文郁举案齐眉，感情甚笃。有了辛弃疾后，通情达理的辛夫人，体谅丈夫的繁忙，自己对家庭悉心照料，本想盼着儿子长大，一家人共享天伦之乐。丈夫的突然离世，一下抽去了她的主心骨，加上她本来身体就弱，很快就长病不起。

一天又一天过去，辛夫人始终没能从丧夫之痛中缓过劲来，很长时间茶不思饭不想，即便是小儿辛弃疾常在身边相劝，她仍是每天以泪洗面。不到一个月的时间，辛夫人也告别了人世。

这么短的时间内，辛弃疾连续失去双亲，其内心的悲痛可想而知，对一个刚刚7岁的孩子而言，这个打击实在太大。原来热闹的家里现在一下子冷清许多，父亲的召唤和母亲的叮咛，都已不再出现。辛弃疾再也无心和其他小朋友玩耍，整天在屋子里闷闷不乐，常常悄悄落泪。一旁的大人们看在眼里，愁在心里。

考虑到孩子的现状和未来，辛赞和家人商量后，决定将辛弃疾接到亳州，让他跟在自己身边。

济南正是初秋时节，柳树长得枝繁叶茂，随风摆动时袅袅娜娜。遥墙大片的荷田里，荷花绽开了姣好的容颜，大有荷叶田田无穷碧之势。可辛弃疾已经完全没有心思去欣赏家乡美好的景色，他就要离此而去。

这天，辛弃疾跟着爷爷走的时候，四风闸众多村民聚集在村口，看着辛家公子坐上轿子。辛赞骑在一匹高头大马上，与乡亲们挥手告别。

长这么大还是第一次离开故乡，辛弃疾撩开轿子的窗帘，看着乡亲们渐行渐远的面庞和身影，心里又涌现出对父母双亲的怀念之情。顷刻，他收回目光，向前方望去。

爷爷辛赞骑在马上的高大背影被晨光映照得周身发亮，给这支南行的队伍增添了些许希望之光。

从济南历城到安徽亳州，大概有400多公里路，跟着爷爷辛赞踏上去南方的路，这还是辛弃疾人生中第一次真正意义上的远行。

和今天相比，古代有一点大不相同，就是生活节奏。那时候，不管什么原因出远门，进京赶考或者新官上任，即便是出门做生意，走亲访友，短则三五天，长则十天半月，有的甚至数月经年，人们都长时间在路上。于是，有很多游历得以慢慢实现，有些故事也就获得更多发生的可能。

反正是给金人工作，去得晚些不但无碍，很可能更中辛赞的下怀。儿子和儿媳先后辞世，而且儿子的死因与金人直接相关，在辛赞的心里，国恨之外又加上了新仇。本指望儿子辛文郁能伺机而动，为大宋朝廷收复失地效一把力，不想却英年早逝，留下无爹无娘的孙儿在孤独的人世间。

辛赞一边这么想着，一边觉得自己肩上的担子格外沉重。一定要把孙子养育成人，文武兼修，学得一身本事，将来为他的父亲报仇雪恨，为屈辱苟安的南宋朝廷一雪前耻。他想趁着这次南下的机会，带着孙子好好领略下故国的山河风光与人文名胜，这既能抚慰孙子受伤的心灵，也算是对他进行一次切身的教导。

从历城出发再往南，走80多公里路就到了灵岩寺。这里的净明方丈和辛赞是旧友故交，十分热情地欢迎他们到来。于是，一行人在此歇脚。

灵岩寺位于济南长清东南的方山之南，群山环抱，路远幽深，始建于东晋，西域高僧佛图澄的高足僧朗在此修寺，最盛时有僧侣500余人，殿宇50余座，高低错落，形成规模宏大的古建筑群。唐代地理学家李吉甫编纂的《十道图》中，把灵岩寺与浙江天台山国清寺、江苏南京栖霞寺和湖北江陵玉泉寺誉为“域内四绝”。宋代济南府从事卞育曾有诗《留题灵岩寺》：“屈指数四绝，四绝中最幽。此景冠天下，不独奇东州。”

唐宋为灵岩寺发展的鼎盛时期，院内有唐代诗人李邕撰写的《灵岩寺碑颂并序》、北宋蔡卞《圆通经》碑等。寺内的辟支塔为一座八角九层楼阁式砖塔，塔高55.7米，气势雄伟、造型美观，建于唐天宝年间，并于北宋淳化五年（994）重建并加高，历时63年才完工。宋代文学家曾巩有诗赞道：“法定禅房临峭谷，辟支灵塔冠层峦。”

千佛殿内最为人称道的是40尊彩色泥塑罗汉像，其中有32尊塑于北宋治平三年（1066），其造像侧重写实，形态各异，将一个个罗汉的内心世界细致入微地生动呈现，临近观之，恍惚如真。那些人物衣着线条的处理值得一提，褶皱变化，织物质感，纤毫毕现，而且富于优美的节

被誉为“海内第一名塑”的罗汉像

奏感，被梁启超誉为“海内第一名塑”。另一处景观高僧墓塔林亦为国内罕见，塔身全由石头凿刻而成，塔刹上有相轮、覆盆、仰月、宝珠、花卉、龙图等图案造型，从北魏到唐宋，高僧墓塔林记录着这里的历史变迁。

驻足灵岩胜景，你才会深刻感受到“天下名山僧占多”的含义。辛弃疾亦步亦趋地跟着爷爷，逐次观看寺内各种人文历史与山川自然景观，被深深吸引，目不暇接，还不时问这问那。在爷爷耐心的讲解中，年纪小小的他，对历代灿烂的文化有了切身的体验。

从颓圮的大殿遗址，到历经数百年之久的古檀，倾听着大殿的袅袅佛音，爷孙俩的心情得以在这幽静的山林间轻松放飞。

灵岩寺是济南到泰山的必经之道，位于泰山背后，所以又有“游泰山不至灵岩不成游也”之说。

而辛赞爷孙俩则是先到的灵岩寺，又去登的泰山。

对于中华民族而言，泰山的雄伟和象征意义不言而喻，孔子曾“登泰山而小天下”，杜甫誉之“会当凌绝顶，一览众山小”，自秦始皇以降，历代皇帝登临最多的就是泰山。但现在，同沦陷的北方一起，泰山也沦于金人辖下。

辛赞想借此机会带着孙子攀登泰山，让他对这座文化大山有所了解，并通过这座五岳之尊更加了解祖国，同时还能锻炼一下他的体力和意志。

攀登之旅从泰山脚下的岱庙开始。

岱庙俗称“东岳庙”，始建于汉代，唐朝时规模空前。到宋代，又为历代皇帝所重。宋太祖赵匡胤曾遣人重修岱庙，宋真宗于大中祥符元年（1008）登临封禅泰山，创建天贶殿。大中祥符六年（1013），宋真宗诏翰林学士晁迥撰《大宋东岳天齐仁圣帝碑铭》，记加封泰山神帝号之事，立石于岱庙。宋徽宗（1100~1127年在位）即位后，屡降诏命，修

灵岩寺

缮岱庙。泰山东岳庙会也是于此期间逐渐形成。

泰山碑藏丰富，李斯小篆碑为中国最早的刻石，也是篆书书法的代表作，这里还有充分体现汉代隶书风格的张迁碑等。

临近黄昏时分，他们到达中天门，看看天色向晚，就在此投宿，第二天，辛赞要带着辛弃疾去看泰山日出。

次日凌晨，天还未亮，爷孙二人已经起床，跟班的人早已在门外等候。

山道盘桓向上，台阶越来越陡。辛弃疾年纪尚小，虽然累得气喘吁吁，但在爷爷的鼓励下，却有着一股蓬勃向上的韧劲儿。经过一番艰苦的登攀，辛弃疾在爷爷的带领下，经过十八盘，直达南天门。天刚蒙蒙亮，站在南天门前，极目远眺，泰安城模模糊糊在望。

这时候，天气转凉，山风阵阵，吹得越来越厉害，山道上的人并不算多。走在天街上，感受着阵阵山风，很有彻骨的爽快感，因为第一次登上海拔如此高的山峦，辛弃疾十分好奇，兴奋不已。来到摩崖石刻下，辛赞将李斯的篆字碑连同秦亡汉兴的历史典故一起讲解，辛弃疾听得入神。早上临近5点，爷孙俩来到日观峰，和零零星星赶来观看日出的游客站在一起，静静等候激动人心的时刻到来。

遥远的东方，一片云海之上，一轮红日初如一颗蛋卵慢慢从下往上移动，像要挣脱大海的怀抱一般，向上使着劲、使着劲，忽然腾地一下，那颗红鸡蛋一样的果实猛地向上一跳，再看那太阳，已经升得很高了。

辛弃疾被眼前的壮丽景象完全迷住，他幼小的心怦怦跳动，心中充满对未来美好的憧憬。他抬头向上看去，爷爷的脸沉浸在日出的光泽照耀中，线条刚毅，布满沧桑。

就在这时候，他听到一声无比沉重的长叹。爷爷到底想到了什么，他不知道，但一段时间以来，他隐隐约约能感觉到，父母的离世给爷爷带来的悲伤是多么深刻。白发人送黑发人，永远有着说不尽的况味。再就是，这么多年来，爷爷一直在金人的官场上任职，心里却始终思虑着光复大业，从来没有真正开心过。

爷爷回过头来，目不转睛地看着辛弃疾，很久了，才轻轻拍着他的头说出一句话："收复大宋的山河，将来就靠你们了！"

7岁多的辛弃疾，似懂非懂地使劲点着头。

辛赞用颀长有力的手臂紧紧拢抱着辛弃疾单薄的肩膀，他看到，在孙子清澈的眼神中，明明有一种真切的向往，有一种像初升朝阳一般喷薄欲出的光泽，像是刚刚被点燃的火苗，在闪动，在发亮。

从泰安往正南不到80公里地，就是孔子的老家曲阜，这里的孔府、孔庙、孔林，统称"三孔"。孔府是孔家的宅第，孔林是孔家的墓园，孔庙是祭祀孔子之处。

这里是儒家文化的发祥地。公元前551年，孔子出生于此，长大后在这里筑坛讲学，收授门徒，又从这里出发周游列国，传播他的学说和理想之道。73岁那年去世，他埋葬于此。

北宋朝廷一向崇儒，宋太祖立国之初，就来到曲阜拜祭，并下诏修缮庙宇。大中祥符元年（1008），宋真宗过曲阜拜孔庙，并整修孔庙规模，后还诏令各州皆建孔庙。辛赞爷孙俩看到的孔庙，前后四进院落，东中西三路并行，这种格局就奠定于北宋年间。

金国统治者也深知，要想立足中原，也必须依靠儒家思想。金天会五年（1127），金将完颜宗尧进驻燕京后，战火未熄即建太学，修国子监。金天会七年（1129），金兵侵入曲阜，“登杏坛，望殿火奠拜”。金朝统一北方后，进一步认识到崇儒之重要性。金皇统二年（1142），金熙宗完颜亶拨钱一万四千贯，修孔庙圣殿，后逐年都有专款拨付。

辛弃疾怀着崇敬的心情，跟着爷爷拜谒孔庙。过金声玉振坊后，稍事停留，继续前行。过棂星门和圣时门，再过弘道门、大中门，看奎文阁，观古碑亭，再经大成门和杏坛，就来到大成殿前，瞻仰孔子塑像。

孔林中高大的橡树林格外吸引辛弃疾的目光，从小在济南长大，还很少见到这么多高大的树木，巍然伸向高高的天空。抚摸着子贡手植桧木，徘徊于孔子墓前，辛弃疾深深感受着儒家文化和一代先圣的思想熏陶。

曲阜孔庙中的御碑庄严高耸

从曲阜到亳州，要经过微山湖，他们这一行人此次南下，除了行陆路还要走水路。

微山湖上有微山岛，微山岛因有商周时期微子墓而得名。其南不远处还有一座张良墓，离微子墓不远。张良20多岁就离家，辗转江湖，汉朝建立后，因功勋卓著，被刘邦封为

张良

留侯。苏东坡24岁时，写就《留侯论》如此评价张良：“古之所谓豪杰之士者，必有过人之节……天下有大勇者，卒然临之而不惊，无故加之而不怒。”张良是个英雄，曾经有过博浪沙刺杀秦始皇的壮举；张良是个名臣，兢兢业业一路伴随辅佐刘邦取得天下；张良还是个明白人，深谙“飞鸟尽，良弓藏”之深刻内涵，最后坚决放弃对权力和荣光的迷恋；他还是个能够超越自我的人，与山林自然颇为有缘。可以说，英勇使他出名，智谋使他功成，参悟使他长命，而这一切使他传世。

微山湖碧波荡漾，微山岛遗世独立，这里的历史变迁，张良的传奇经历，都深深印在辛弃疾的脑海中。

从微山湖到亳州，要经过河南永城芒山镇的芒砀山（古称砀山），这里地处豫皖苏鲁四省交界处，被后人誉为“果中甘露子，药中圣醍醐”的砀山酥梨就产于此。砀山共有大小山丘20余座，芒砀山主峰居中，海拔156.8米。此处因汉高祖刘邦斩蛇起义而闻名于世，后来被曹操所盗的中国最大汉墓群汉梁王墓群即在这里。此外，中国第一位农民起义领袖陈胜亦埋葬于此。在陈胜墓前，辛赞语重心长地给辛弃疾讲陈胜的起义经历，还分析了他失败的原因。“苟富贵，勿相忘”“燕雀安知鸿鹄之志”，这些英雄们当年的警句，都被辛弃疾牢牢记住。

半个多月的时间很快过去。爷孙俩就这样，在去亳州的路上，同游祖国大好河山。一路所经之处，凡是有历史名人故里，爱国名将遗迹，幽静的古战场，爷爷都会一一讲述给他听。特别是讲到那些著名的古代战争案例，包括战场的选择、地形地貌和两军对垒的布阵和战术，辛赞就会讲得更加详细。

和看到的美妙景色相比，辛弃疾更喜欢听这些和打仗有关的故事。一是男孩子天性向往两军对垒之事，再就是受爷爷和父亲影响，辛弃疾从小就萌生出成为一名军事家的理想。他知道，只有那样才能戎马平生，叱咤风云，做出一番大事业来。

一路走来，灵岩寺的陡峭险要，泰山玉皇顶的辉煌日出，曲阜三孔的儒家风范，微山湖张良建功立业的人生传奇，芒砀山陈胜墓的深沉寂静，这一切都以其新鲜深远的意味，强烈冲击着辛弃疾幼小而活跃的心灵，一次又一次，留下悠远回响。

对于小小的辛弃疾而言，有些事情渐渐明白，有些人物在他心目中渐渐清晰，特别是那些抗敌救国的历史故事更是清晰地印在脑海中，激发起他生命中的某些豪情壮志。

这天正午时分，走着走着，辛弃疾忽然看到，在远处，一条宽阔的河流蜿蜒向东南流去。过河不久，就看见一座威武的城门渐次出现，愈来愈近。城墙巍然耸立，阳光从城墙雉堞的缺口处射过来，有些炫目，“亳州”两个大字赫然出现在一座城楼之上。他回头看向爷爷，骑在马背上的辛赞正凝聚双目看着前方。

他知道，对于辛弃疾而言，一段新的生活就要徐徐展开。

第三章

亳州初学成　怀志曾北上

亳州古称谯城，历史久远，商朝时期就已经建城。宋真宗升亳州为集庆军，置节度使，统领7个县。辛赞爷孙俩抵达亳州时看到的那条河流就是涡河，它流经开封，其下游在蚌埠注入淮河。亳州北关的涡河上有灵津渡，据说是宋真宗来亳州朝拜老子庙路过此地时所赐名。

亳州正是汉初传奇名相张良的故乡，这里还出过替父从军的花木兰和曹操、曹植和曹丕这样的人物，神医华佗也是这里的人。商代的汤王是为人称颂的一代明君，他的墓就在亳州。

亳州有“中华药都”之美誉，自古盛产亳芍、亳菊、亳花粉、亳桑皮等，后人有诗为证：“小黄城外芍药花，十里五里生朝霞。花前花后皆人家，家家种花如桑麻。”

亳州地处华北平原南端，这里河流众多，空气温润，气候更温暖一些，但是和济南相比，饮食习惯和民间风俗上倒区别不大。随爷爷来到这里的辛弃疾很快就适应了新的环境。爷爷带着他品尝过这里的锅盔和蒙城小吃撒汤，还听过生活气息浓厚的二夹弦。

毕竟辛赞在这里的谯县做知县，各方面的条件和照应都比较周全，辛弃疾除了偶尔会想念自己的家乡和早早失去的双亲，别的也都还不错。辛赞在官府上班，每天早出晚归，回来后总要陪辛弃疾玩耍、聊天，时间长了，辛弃疾对亳州也渐渐熟悉起来。

亳州城历史悠久，文化底蕴深厚，文武都很盛行，自然藏龙卧虎。其城内就有一位远近闻名的诗人刘瞻，大约40岁出头，字岩老，自号樱宁居士，熟读经典，知识渊博，与当地各界多有交往。刘瞻在亳州城开办私塾讲学，收授门徒，专门招募聪慧努力的孩子，悉心教诲，门生很多，盛名久负，当地名流争相将子弟送至他门下。

刘瞻

有这样的好老师，作为一县之长的辛赞自然不会错过。到了第二年春天，辛赞带着辛弃疾来拜见刘瞻，把他留在这里的私塾，开始正式学习。

私塾有严格的学制规定，凡来学习的学生必须吃住都在私塾，研读经史子集有固定的课程和时间，同时还引导学生学习琴棋书画。私塾有专门的藏书楼，有大量丰富的典籍供学生借阅。此外，私塾还聘请有专门的武师，定期来教孩子们传统武术，起到强身健体的作用。

私塾的学习生活虽然严苛枯燥，辛弃疾却很快就顺利融入了。对于本来就已有一定基础的他来说，再次学习《大学》《中庸》《论语》《孟子》和《诗经》《尚书》《礼记》《周易》《春秋》等，更加深入细致，老师的讲解也旁征博引，深入浅出。随着年龄的增长，那些圣贤之言、史籍所载对于辛弃疾而言，已经不再仅仅是词汇的堆积和修辞的演绎，对其普遍之理和深层奥义，他已经开始隐隐约约有所理解。一颗敏锐的心灵已经打开它的大门，知识的泉水恰逢时机地汩汩流淌而入，滋养了辛弃疾的精神世界。

辛弃疾天性聪颖，又十分勤奋，记忆力超群，据说在学习古代经典的过程中，能日诵千言，许多精彩段落过目能背。在这些学员里，他年龄虽小，但学习上表现出的刻苦精神与聪颖的天资，远远超出人们对他这个年龄段孩子的预期。家世的变迁，爷爷的影响，从小的经历，早年的学习，都让他比同龄孩子要成熟不少，他性格倔强，做事干练。

很快，辛弃疾就以优异成绩和突出表现获得先生刘瞻的青睐。和别的教书先生不同的是，刘瞻是一位性格开朗、造诣颇高的诗人，他的诗歌立意高远、形象清新、情趣盎然、对仗工整，在当时的亳州可以说无出其右。他写过这样一首《无极道中》：

银河淡淡泻秋光，缺月梢梢挂晚凉。

马上西风吹梦断，隔林烟火路苍茫。

诗写得既不佶屈聱牙，也不引经据典，语词生动，通俗易懂，初看无一个生字，细想却诗意盎然。

他还写过一首《春郊》：

桑芽粒粒破春青，小叶迎风未展成。

寒食归宁红袖女，外家纸上看蚕生。

“归宁”指的是回娘家，最后一句里的“外家”说的就是娘家。

辛弃疾一开始学习古典诗词的创作，就能遇上这样一位风格清冽的诗人，应该说是他的幸运。加上辛弃疾这方面超绝的悟性和难得的勤奋，他的诗歌写作很快就脱颖而出，小有影响。看到年纪小小的学子进步如此之快，加上他和辛赞之间的友情，先生刘瞻自是非常欣喜。他敏锐地感到，这个眉宇间透着一股逼人英气的少年，这个在诗歌写作方面感悟力极强的学生，将来一定前途无量，或者科举高中，或者诗名大震。

爷爷辛赞听了老师的夸奖，看着孙子的进步，也从内心深处感到非常自豪。

时间过得很快。出门在外的辛弃疾开始有了新朋友，他叫党怀英，字世杰，山东泰安人，祖上为宋初名将党进，他的父亲在亳州县衙做一个不大的官，他便随父亲至此。和辛弃疾一样，党怀英也聪明好学，不贪玩耍，读书分外刻苦用功，因为比辛弃疾要大六七岁，自然也就多几分成熟。加上又同为山东老乡，两个人就特别投机，双双成为先生刘瞻的得意门生。党怀英性格柔和、志向高远，而辛弃疾目标坚定、豪爽过人，正好形成一种互补。

在刘瞻的悉心教导和言传身教下，辛弃疾和党怀英的诗词写作水平突飞猛进，很快在同学中间小有名气，甚至还传到了外界。不久，在整个亳州城内，很多人都知道，刘瞻的门下有两个天才学子，均写得一手好诗词，人们简称两人为“辛党”。遗憾的是，因为没有文字留存，后人已经无法欣赏到辛弃疾这些早期的诗词作品。

两个人同行同学，有很多共同语言，有时候一边读书还一边展开讨论。有时也会为金宋两国的关系和局势进行交流，意见不同时也难免进行或和缓或激烈的争论。

说到长大以后的具体志向和打算，两个人明显有所不同。辛弃疾心向大宋，将来愿为收复宋朝山河效力，而党怀英则很想在金朝当时的统治区域内走科举考试之路，以图取功名。就这个问题，两个好朋友有时候会争执不下，谁也无法说服对方。

有一天，两个人又谈到了这个话题。正争论间，先生刘瞻进来了，就悄悄站在他们身后，听了很长时间。

最后，刘瞻笑着建议，可以用蓍草起卦来预测今后两人的仕途走向。

蓍草属于菊科，多年生草本，茎直立，叶无柄，开成片的白色或粉色小花，花果期七月到九月。用蓍草卜卦是从周易就开始的原始排卦方式，方法烦琐而复杂，具体要用55根蓍草来进行操作，反复排列组合，逐步得出结论。

而这次卜卦的结果和两人平时表露出的观点惊人一致，党怀英得到“坎”卦，辛弃疾得到“离”卦，而八卦之中，坎居北方，离为南方。一南一北，一宋一金，正是两个人的分野，也恰恰是那个时代许多北方汉人思想和命运的分野。

转眼间，两年多过去了，辛弃疾已经成长为近10岁的翩翩少年，身材颀长、举止刚毅。

除了文化学习外，辛赞还特别注意在武术与兵法方面对辛弃疾的培养。亳州是武术之乡，这里有许多武林高手和源远流长的武术文化遗产。

陈抟老祖心意六合八法拳，又称水拳，为唐代亳州人陈抟所创，该拳内涵丰富，功法独特，拳势运行如水势翻滚，内劲如海纳百川，以整劲为核心（发展为形意拳），以步法为转移（衍生为八卦掌），以轻柔为变化（演化出太极拳），堪称中华内家拳的始祖。

陈抟老祖心意六合八法拳

中国古代历史中，各式各样的兵器更迭变换，而独有剑集习武袭杀、贴身防护、抒情扬志等多功能为一体，一直有着极其特殊的地位。剑的

出世极为古远，它的历史大概可以追溯到黄帝与蚩尤大战时期，双方均制剑为兵，因此剑被称为短兵之祖。

辛弃疾从小练习剑法

辛赞专门带孙子拜当地有名的陈抟老祖传人学练古老的拳法，同时还让辛弃疾开始拜当地著名的剑客研习剑法。

学习生活虽然充实，但有时也未免寂寞、苦累，尤其是对一个10岁左右的孩子。但辛弃疾却与别人有所不同，他在拳术和剑法方面的禀赋也很快表现出来，既深深入迷，又进步很快。他对兵器和兵法的喜爱如对文化的学习一样如饥似渴，也许他十分明白，只有学习掌握了这些本领，长大后才能率领万千兵马，驰骋故国大地之上，驱除金人的统治。

当然，对于尚且年幼的辛弃疾来说，这一切为时尚早。而眼前的历史，还正按照它自身的规律在演绎、推进。

金熙宗完颜亶性情暴躁，虐杀成性，尤其到其统治后期更是愈演愈烈。金皇统八年（1148），金国开国功臣金兀术死后，金廷内斗加剧。金熙宗更是嗜酒如命，干脆不理朝政。他自己无法控制政局，遂胡乱迁怒于下属。前线金军还在和南宋打仗，他常常在后方对金国贵族和大臣大开杀戒，有时甚至毫无缘由，只是一时兴起，或凭空猜疑。

金皇统九年（1149）五月，因雷电震坏金国宫殿，火烧寝室，翰林学士张钧起草赦免诏书，里面用了弗、寡、眇、小等词。参知政事萧肄平一向厌恶作为汉人官员的张钧，见后即奏道：“弗类，乃大无道；寡者，孤独无亲；眇者，目无所见；小子，婴孩之称。此乃汉人以文字骂主上。”金熙宗听后大怒，下令杀张钧。

同年八月，金熙宗杀左司郎中三合，又疑其弟胙王完颜元与河南起义军有关，遂将其弟完颜元、查剌和左卫将军特思杀死。十一月，因不满皇后裴满氏干政，杀裴满氏及妃嫔多人。后又杀邓王完颜奭之子阿懒和挞懒。至此，朝中贵族与大臣人人自危。

同年十二月，金国海陵王完颜亮弑金熙宗，改皇统九年为天德元年，金朝易主。

反观南宋，依然是偏安一隅、屈辱为臣的姿态。

南宋绍兴十八年（1148）三月，为讨好金人，免金人借端生事，宋廷下诏，禁止官吏士民私自渡淮及招纳叛亡，违者以军法论处。不久又下诏，规定各渡口码头及边防人员，如故意放纵民众到金，与私渡者同罪，官员失察者减一官。

绍兴二十年（1150）正月，秦桧上朝，殿司军士施全劫秦桧于道，用刃刺之，未中，被捕送大理寺。秦桧诘问，施全称：“举国与金为仇，尔独欲事金，我所以欲杀尔也。”竟被磔于市。从此以后，秦桧出行，以50个手持长矛的兵士护卫。

绍兴二十一年（1151）九月，与岳飞、张俊、刘光世合称“中兴四将”的抗金名将韩世忠病逝于杭州。

辛弃疾渐渐长大，国家的命运却并没有什么转机，而一个年轻人就要面对自己的未来。

三年的时间很快过去，辛赞任期已满，因为他一心为民，合格称职，被金廷提拔为开封知府，辛弃疾也就要跟着爷爷一起去到开封，开始又一段异地生涯。

涡河还在那里惯常流淌，爷孙俩再次经过灵津渡，这一次是为了告别亳州。和当年来时不一样的是，两个人的背影稍微有了一些变化，一个显得有些苍老，而另一个则明显高出了许多。

在南宋时，有一个地方，提起来就让人心中郁闷不已。有一座城市，曾经繁华盖世，一想起来却使人彻夜难眠。

它就是开封，始终是南宋一个解不开的心结所在。

即便是从现在回头看，靖康之耻已经过去近900年，却仍然是华夏民族历史上一个巨大的创痛。

辛赞的一生都在官场，先是北宋后是金朝，开封知府可以说是他为官生涯中最高最重要的任职。因为开封对于当时政权重心还在东北的金人而言，是一个意义特殊的城市。

这个在南宋时期成为金国重镇的城市，曾经是北宋的首都，以豪华著称于世。当时的开封人口（包括流动人口）一度达到120多万，比盛唐时期的长安城人口还要多。

据《东京梦华录》记载："太平日久，人物繁阜……举目则青楼画阁，绣户珠帘。雕车竞驻于天街，宝马争驰于御路。金翠耀目，罗绮飘香。新声巧笑于柳陌花衢，按管调弦于茶坊酒肆。八荒争辏，万国咸通。集四海之珍奇，皆归市易；会寰区之异味，悉在庖厨。花光满路，何限春游；箫鼓喧空，几家夜宴。伎巧则惊人耳目，侈奢则长人精神。"

这样的描写，再加上名画《清明上河图》的展现，开封的繁华与热闹，可想而知。

北宋靖康二年（1127），金兵占领开封，北宋灭亡，南宋从流亡的

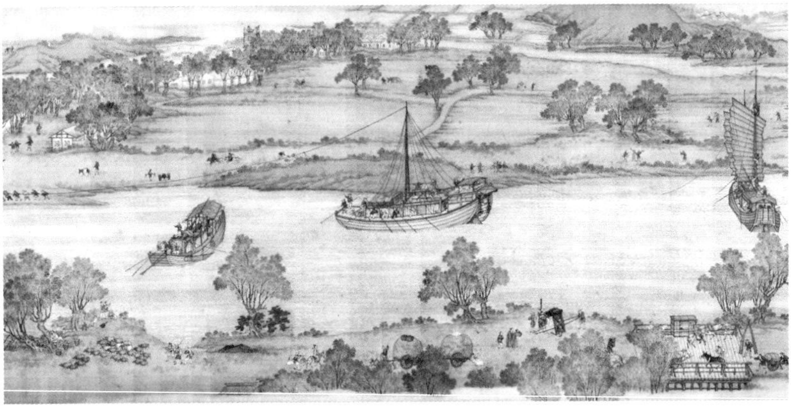

《清明上河图》局部

道路上起步。经过一场巨大的战争浩劫，满城财富被劫掠一空，居民人数也锐减，这座城市的元气大伤。

对于女真族而言，仅仅占据中原，并不是他们膨胀起来的野心全部。因此，他们也没有过分贪恋东北那边的老家，而是先后将大兴府（今北京）和开封府改为中都和南京，作为他们入驻中原后的京城备选。为了这个目的，金国的统治重心在不断南移，从内蒙古到辽阳，从辽阳到北京。后来，金国干脆迁都到开封。就战略地位及地缘政治而言，对于宋朝和金国，开封都同样意义非凡。

靖康之变后，金军一度撤离，开封仍在宋朝手中，抗金名将宗泽曾经做过开封尹。南宋建炎二年（1128），金军再犯开封，因为宗泽守城有方，金军没有得逞。岳飞就是在那个时候跟随宗泽参加过开封保卫战。直到两年后宗泽含恨死去，金人才再次占据开封。

尽管金人一直都在努力汉化，但毕竟需要一个漫长的吸收演变过程。金人也很想重现开封往昔的繁华，但统治者更换之后这里早已物是人非。

辛赞到任时的开封已告别昔日的繁华，和一个普通的府城相差无几，文化和底气都被抽空。那些热闹过的街衢巷陌还在，只是变得寂寞冷清；汴河依然在汩汩不停地流淌，只是岸边走动的人群中，多了不少鹰鼻深目的女真人；那些辉煌的宫殿建筑还在，不过现在已成为金人的衙门。

而辛赞来到这里，就要为着女真人的利益，按照女真人的意愿，来管理这座城市。

对于辛赞而言，给金人效力本就心不甘情不愿，心中满载的还是宋朝复国的宏愿。来开封做官，继续为金人效力，他的心情依旧十分微妙。好在有孙子在身边，培养后代的成就感和爷孙相伴的天伦之乐，都给他以情感上的慰藉，也从某种程度上减轻了他官场上的迷茫与纠结。

更为可喜的是，辛弃疾正在沿着他期望的路线慢慢长大。

经过亳州的学习、提高，加上初谙世事，辛弃疾在开封的日子既悠闲又充实。作为地方一级行政长官的子女后代，恐怕连城里一般的金人都要敬他几分。日常生活的丰裕和出入自由的便利，使得年轻的他可以对这个城市有较为深入的体验和感受。穿行于这里的大街小巷，游走在具有皇家色彩的名胜之间，浏览着眼花缭乱的艺术展演，求教于各行各业的士绅名流，少年辛弃疾得以在开封展开游历，收获多多。

同样是济南人，宋朝另外一位著名词人李清照，之前就曾在这个城市里生活过十几年。她少女时代随父来到开封，在这里学习，在这里写诗，在这里成名，也在这里成家，直到父亲被贬、公爹遭难，才悲愤离去。

辛赞自然也希望孙子能在开封获得更多的成长滋养，而这座古老的城市，大宋昔日的都城，也以它沉郁的姿态，接纳着少年辛弃疾。辛赞没有放松对辛弃疾的培养，更多更好的私塾、武馆，更多更优的师长，更多更好的文化典籍，都是辛弃疾文化修养与武术本领进步的沃土和条件，加上此时的开封本身也恰如一本写满创伤的教科书，置身其中，辛弃疾开始真正长大。

在这期间，辛赞利用闲暇时间和公干契机，带着孙子遍游中原各地，爷孙俩一起现场勘查各处的地形地貌、交通状况和关隘要塞，对适合屯兵与作为战场的地方，更是格外留心，甚至予以文字记录，以便进行推敲、研究。

开封城西边40公里远，就是官渡之战的古战场。东汉末年的官渡之战是中国历史上著名的以弱胜强、以少胜多的典型战例，前后历时一年多，最后，曹操以2万左右的兵力，出奇制胜，击破袁绍的10万大军。曹操借此一战写下自己军事生涯最辉煌的一页，两年后，袁绍因兵败忧郁而死。

再往西75公里，就是三英战吕布的虎牢关，虎牢关因周穆王在这里圈养过老虎而得名。

年轻的辛弃疾很早就开始学习武术和兵法，对诸如官渡之战和历史上众多英雄人物故事有着非同一般的兴趣，爷爷的伴游和讲解使他收获颇丰。

过去虎牢关不远就是洛阳，这个坐落于洛水北岸的城市，历史上先后有大大小小十多个朝代在这里建都。洛阳的龙门石窟、白马寺和关林，是每一个来到这里的人必看的地方，辛弃疾也不例外。洛阳历来为兵家必争之地，也是西北与中原之间的锁钥之处。一旦将来南宋和金国战事再起，洛阳和开封互为犄角，此地起着连接东西、制衡南北的作用，战略地位极为重要。

西北距开封80公里，作为历史上楚河汉界的鸿沟，就在河南荥阳境内黄河南岸的广武山上，沟口宽约800米，深达200米。辽阔的黄土堆高耸如山，脚下就是波涛滚滚的黄河，两岸中原大地尽收眼底，极目往东，再远处就是齐鲁故乡。

与金国和南宋的分立有所不同，楚汉也曾以此为界划分东西，但最后还是有远见、善用人、多智谋的刘邦赢得天下，可见暂时的优势和单纯武力的强大，并不是制胜的法宝，南宋要图谋复兴，尚需矢志不渝、长久计议。

看着四周苍茫的故国领土，沿着黄河的流向远眺，辛赞的胡须在阵风中微微颤动，他表情严肃，眼神凝重。辛弃疾已经长大，不用说话，他已经能够想象得到爷爷此时内心的所思所想。登高望远，年轻的精神世界也被罡风吹开门扉。

那一段时间内，无论是向西还是朝北，辛赞都尽可能带着辛弃疾走得更远一些，因为宋朝将来想要收复的不仅仅只是开封。

从开封往北，过黄河不远，就是封丘县一个叫陈桥驿的地方。这是宋太祖赵匡胤黄袍加身的地方。金国统治下，宋代皇家的遗存被毁坏殆

夕阳下的黄河

尽，现今这里一派破败萧条景象。辛赞专门带着辛弃疾偷偷来到这儿，给他讲宋朝的历史，讲赵宋朝廷的来历和演变，缅怀宋朝曾经的强大和辉煌。

站在大宋朝发轫之地，年轻的辛弃疾心潮澎湃。随着自己一天天长大，知道得越来越多，思考得越来越深，他越来越认为，宋朝的光复只是时间问题，自己的介入也只是时间问题。

这些年来，辛赞光复大宋的想法不但没有随着岁月的流逝而减弱，反而越来越强烈。其中的重要原因，一是他看到金人皇帝要么残暴要么昏庸，朝廷气象混乱，官场龌龊腐败，虽然他们竭力学习汉人的文化和制度，却总是给人画虎类犬的感觉，而且他们对汉人的歧视与压迫根深蒂固、变本加厉；再一个更重要的原因是，孙子辛弃疾已经渐渐长大。如果说，收复中原当年对他而言还只是一个模糊愿望的话，现在，这个愿望终于可以找到能够实现它的具体人选了。

1153年4月，金迁都燕京（今北京），改元“贞元”，后改燕京为中都大兴府，金朝的统治中心南移到了中都。此外，完颜亮还把中原和华北的军事、财政等大权收归自己掌握。这次迁都标志着金朝完成了走向中央集权的进程。

3年后，爷爷辛赞又被任命到海州（今江苏连云港）做官，辛赞觉得不能总是让孙子跟着自己，是该让他自己成长的时候了。

于是，上任之前，辛赞专程把辛弃疾送回济南老家。

走的时候，辛弃疾还是一个懵懂无知的少年，而现在，经过6年多的学习和游历，他的个头已接近成人，英目浓眉，转眼之间，他已是一位翩翩少年。

第四章

聚义起抗金　历城得解放

回到家乡后，辛弃疾度过了一段相对独立、自我的生活，读书学习、苦练武术和剑法，四处结交朋友，游历山水。东到淄博、青州，西到聊城，北到德州，南到泰安、莱芜，再远到济宁、兖州，年轻的辛弃疾已经开始用军事的眼光来看待济南和山东。

女真族由最初的渔猎民族衍变而来，从少数民族进到汉文化圈，最终还是要以汉文化体制来进行统治才能久远。于是，凡是南下的北方民族，不管规模大小，也不论其政权时间长短，有一点他们非常清楚，那就是要学习汉文化，运用汉人的官僚机制，利用汉人知识分子，来完成自己的政权巩固。

比如科举制度，金朝就完全承继了宋朝的规制，并向汉人开放。因为历史相对较短、文化底子较薄弱，金朝非常希望通过科举考试选拔一些汉人来充实官场。无论是女真还是汉人，要想求取功名，更多的还是要走科举这条路。

完颜亮迁都中都后，恢复了殿试，“惟以词赋、法律取士”。

对于辛弃疾而言，他从来都没有想过，将来有一天会重蹈爷爷的覆辙，为金人服务。但是随着年龄的增长，“知己知彼，百战不殆”的道理，已经熟读兵书的辛弃疾非常认同。他感觉到，除了在济南的直接生活经验和所见所闻，再往北，无论是地形地貌，还是金人实际统治的情形，他都所知甚少，如果将来能有机会去考察一番，是最好不过的。

出于社会稳定的考虑，金朝统治者总是想方设法限制汉人在不同地域之间的流动。那么，辛弃疾想去了解北方的情况，最好的办法就是参加科举选拔，进京赶考。

这一年，辛弃疾已长大成人，博古通今。他的武术和剑术在家乡一带也颇有名气，似乎很多条件都已经成熟。他知道，自己应该有一次北上的经历。爷爷辛赞也早就有此规划，两人不谋而合。

如果将来真的有一天，辛弃疾能有率兵打仗、驱除金兵的机会，必定少不了会在山东、河北一带摆开战场，那么，有机会到都城一趟，对沿途金兵的布置和各地百姓实际状况有切实的了解，也是必需的事情。

金正隆二年（1157），18岁的辛弃疾顺利通过乡试，以第5名的成绩去大兴府（今北京）参加会试。

从济南过德州、沧州、廊坊，经过的大致是华北平原的东侧，沿途很多地方地势平坦，视野开阔，不少都适合做排兵布阵的战场。辛弃疾一路默默观察，记在心里。特别是经过金兵驻扎的军营时，他更是格外留心。

燕山绵延于现北京以北的广大地区，与西南到东北走向的八百里太行山交会于北京城西。此时的大兴府，4年前刚刚被定为金国的新国都，完颜亮派尚书右丞张浩和工部尚书苏保衡，负责新都城的营建。金朝前后共动用了40万正规军和80万民夫，大体照着开封府的模样，在辽朝燕京的基础上对其进行扩建，历时两年才初具规模。

除了假装应付会试外，辛弃疾充分利用这次机会对大兴府的地势、金军布防和训练情况等悉心观察，并且远至长城一带，到居庸关、八达岭、慕田峪、金山岭、古北口等关隘实地走访。登临长城之上，辛弃疾一方面为先人的伟大壮举深深折服，一方面为辽阔的北国沦于敌手扼腕叹息。

抚摸着古老长城的雉堞，看看四下无人，辛弃疾禁不住使劲拍击着一块块宽大的城砖，高声诵读苏东坡的《念奴娇・赤壁怀古》：“大江

居庸关长城
绵延不绝

东去，浪淘尽，千古风流人物。故垒西边，人道是，三国周郎赤壁。乱石穿空，惊涛拍岸，卷起千堆雪。江山如画，一时多少豪杰。”

这位山东汉子的雄浑声音和满身豪情，在高山峰岭间久久地回荡着。

在北京考场，辛弃疾见到了分别经年的同学党怀英。如今的他颇有风度，满腹经纶，对于科举考试一副志在必得的样子。

两个人寒暄叙旧，想起当年的同窗生涯，年纪轻轻，都不免高声感叹岁月的流逝。但是，一说到将来的长远想法，两个人依然意见相左，谁也不能说服对方，只好求同存异，辛弃疾礼貌地祝他能够金榜题名。

这次游历使得辛弃疾收获不小，他初步了解了金人统治下的京城状况，知道金人统治下的汉人的生活情形和精神面貌，甚至，他还获得一些金朝内部争斗和发展态势的信息。

3年后，到了金正隆五年（1160），21岁的辛弃疾再次以参加科举考试的名义去到大兴府，这一次他走得更远。

在前次的基础上，他对所经之处的地形地貌与城市布局都观察得更为详细，凡是重要的地方，还都画下地形图。一路上，他专心致志地勘察山河形势，了解金军动向，收集相关情报。

这一次，辛弃疾还去到北戴河和秦皇岛，看到了雄伟的渝关（今山海关）。

他痛苦地感悟到，渝关早已不再是分隔东北和内地的关隘，而只是金人随意进出的一个通道和站点。

从济南到北京，大约500公里地，来来回回要一个月左右的时间。沿途之中，辛弃疾亲眼看到金人的统治给北方汉人带来怎样巨大的灾难，所经之地，汉人生活艰难，民不聊生。

看到祖国的大好河山落入敌手，通过和党怀英的思想交锋和友情分裂，他也深刻感受到人性的复杂，某种程度上更坚定了他抗金的决心，并增强了迫切感。

从京城回到济南，年轻的辛弃疾已经开始有了较为具体的打算，人生走向的路线图和时间表也已初步确定。除了年轻的学者、剑客和诗词作者，现在，一个新的角色正在不远处冥冥中呼唤着他。

金正隆三年（1158）十一月，海陵王完颜亮为南下灭宋，借口南京开封府（今河南开封）大内失火，命左丞相张浩等营建宫室，又派宦官梁统监工。他们把宋朝原有宫室全部拆除重建，工程浩大，有时光是运一件巨型木头就花费2000万钱，拉动一辆车就需要动用500人。宫殿中遍饰黄金，间以五彩，一殿之费用以亿万计。一座大殿修成后，监官梁统说某处不合法式，就得拆掉重建。经过此次劳民伤财的修整，开封府看上去的确焕然一新。

这时候，辛弃疾已从开封回到家乡好几年了。

也就是这一年，金朝统治下的临沂人赵开山领导当地农民起义抗金。为表其决心，他把姓名倒置，自称开山赵。起义爆发后，队伍很快达到一万多人，先后攻占了密州（今山东诸城）、日照等地。后来，起义军发展到30多万人，在淄博和济南一带骚扰、攻击金军。

从大兴府回到家乡后，辛弃疾更加下定起事的决心，他曾秘密与开山赵的起义军进行接触，但目前唯一的牵挂就是爷爷辛赞还是金朝官员，一旦辛弃疾暴露反金的身份，必然会牵累到他老人家。所以，辛弃疾只能继续忍耐，他一边和家族按时按点悄悄地聚集人马，定时到济南南部山区习武、练阵，一边按捺住急迫的心情，等待一个合适的时机。

第二年，爷爷辛赞年届70岁，年事已高，精力不济，身体也出现不少问题，本来就想早日卸任的他这下有了充足的理由。在金朝的统治体制内做官这么多年，每每想起来，内心满是痛苦。现在终于可以卸任归乡，颐养天年。

这年夏天，分别好几年的爷孙俩，得以在故乡团圆。

出现在爷爷辛赞面前的辛弃疾已经长大成人，炯炯有神的目光，透露着坚毅。因为长年习武，他已练出一身结实的肌肉，魁伟壮硕；而饱读诗书，让他英武之余还多了几分儒雅气质。

辛赞将右手搭在孙子浑厚的肩膀上，相伴向家中走去。

爷爷归乡，辛弃疾正好有当面尽孝的机会。从小就跟着爷爷，尽管爷爷对他从不娇生惯养，但偏爱总在所难免，尤其是辛弃疾父母去世后，爷孙俩更是相依为命，有时须臾不能分离。辛弃疾跟着爷爷到亳州生活，无论是沿途对山水名胜与人文古迹的游览，还是对孔子到曹操、齐桓公到管仲的拜祭，在这些名胜古迹和旷世英才之间逡巡所产生的精神崇敬，都融入辛弃疾的思想和血液中。

他永远忘不了在曲阜孔子墓前爷爷对自己的谆谆教诲：七尺男儿当以国事为重，山东汉子更应该一门心思都放在国家的统一大业上！爷爷还告诉他，大多数时候，个人的命运和国家命运、时代走向之间，永远是密不可分的。

这些年来，每次想到爷爷在泰山顶上那深邃的目光，略显失望的神情，和那一声长长的叹息，辛弃疾周身都会涌起一阵长久的冲动，恨不得立即披挂上阵，指挥千军万马，虏杀金兵，收复家乡与北方沦陷之地。

辛弃疾和家族里的人仍然定期到山里集中演习、操练，有时候也会聚集一些人，在辛家的院子里悄悄地切磋武艺，练习军队布阵对垒、攻城守地的策略。这一切，辛赞都看在眼里。他知道，在辛弃疾的心里，一定有着一个坚定而雄伟的计划。他还欣喜地看到，辛弃疾不光已然变得成熟，而且能够从容统领济南城内外辛姓家族成员，特别是和其中几个骨干分子的关系，既亲如兄弟，又密如战友，该严肃时严肃，该放松时放松，配合默契，完全打成一片。

这些年来，辛弃疾早已熟习兵法，骑射刀枪样样精通，武艺高超，剑术尤佳。他的威名在家乡历城一带已远近知晓。

与此同时，辛弃疾的诗名在济南文学界几乎尽人皆知。才刚刚20岁冒头的辛弃疾尽管文名初具，很有可能还处于他自谦时所言“为赋新词强说愁”的阶段，但他平时的主要精力并没有集中于此。

为了给爷爷治病，辛弃疾四处求医问药，平时一有机会，他就抽出时间陪爷爷聊天。一旦辛赞身体好转，爷孙俩就会探讨宋金军队力量对比等问题。辛赞恨不得在最短的时间内，把这些年自己这方面的见闻、积累与思考，悉数传授给辛弃疾。

在两个人的深度交流中，辛赞欣喜地感受到，孙儿已经不再是当年那个跟着自己求学亳州、旅居开封的少年，他已全然成长为一个战士，一个勇士，一个武林高手，一个心怀宏愿的将领之才。他十分清楚地知道，时至今日，一旦将来有什么风吹草动，形势变化，孙儿绝对能够自如应对，掌握自己的命运，做出一番很可能惊天动地的伟业。

辛赞的身体每况愈下，咳嗽也开始加剧，他隐约感觉到，有什么东西就像万千柔丝一样，正从他的身体中被一根根抽去。他似乎有所预感，生命的大限已经为期不远。

面对虎狼一般的北方金廷，南宋用忍让和屈辱所换取的短暂和平，也常常命悬一线，十分脆弱，说不定什么时候就会被猝然击碎。

自绍兴和议（1141）以来，南宋和金国之间经历了将近20年的和平对峙时期。海陵王完颜亮自1149年弑金熙宗登基后，南侵的野心再度兴起。其实，早在完颜亮篡位以前，在和部下一次闲谈中他就说过：“我一生有三个志向：第一，一切军政大事由我自己决断；第二，率师远伐，逐鹿中原；第三，纳天下绝色为我一人享用。”后来他篡位成功，不择手段

完颜亮

占据前朝所有他中意的绝色女子。剩下的最后一个“志向”，自然就是“逐鹿中原”。

金朝派遣大臣出使南宋，完颜亮暗中派画工藏在随从中，描绘临安城邑及吴山西湖景色。回去后，令做成画屏，并在吴山顶画上他策马而立的画像，并亲自在画上题诗：万里车书尽混同，江南岂有别疆封？提兵百万西湖上，立马吴山第一峰！

可以看出来，其侵吞南宋的野心已昭然若揭。

还有一次，完颜亮对一位下属说：“你不要议论可否攻宋，只要告诉我征服赵宋需要多长时间就好了。”那个部下想了想说：“至少需要10年时间。”他听罢不耐烦地说：“10年太长了，我想用月来计算。”

金正隆五年（1160），完颜亮在女真、契丹、奚三个民族的百姓中征兵，不限数额，年龄20岁以上、50岁以下的男丁都在征集之列，共征集24万人，其中精壮的12万人称为正军，体弱的12万人称阿里喜（正军之副从）。一正军与一阿里喜搭配组成一军，共分为12军。继而又派人到各路汉民与渤海民的居住地征兵抽丁，又凑集了一支27万人的队伍。此外，完颜亮还把军中精于射箭的5000人挑选出来组成一支亲军，号称“硬军”或“细军”。这些军士享有极高的待遇，他们都忠于完颜亮，勇猛善战。

在南宋和金国的边界，战争的阴云再次密布，大战一触即发。

第二年初春的一天，天还很冷，辛弃疾和往常一样，带领上百名族人再次来到济南南部山区习武练兵，演练军阵。忙活完一阵后，辛弃疾觉得有些心烦意乱，一时不知所措。他干脆来到武器库房，挑选了一支红缨长枪，走到山间的一片空地，瑟瑟生风地舞了起来。

对于辛弃疾来说，每当遇到什么堵心的事情时，打上一套拳，或者练上一阵兵器，甚至干脆骑马在原野间奔跑一阵子，出上一身汗，情绪就会好很多。

他发现，这一次与往常明显不同。不知道为什么，他的心思总是不能很好地集中，恍惚间有些昏昏然，动作明显变得迟缓。他干脆停了下来，将手中的长枪掼在地上。

那把红缨枪还在地上弹跳了几下，才不动了。

就在这时，他看到一匹黑色的快马从远处奔驰而来，骑在马上的人正是家里的管家辛忠。一到辛弃疾跟前，辛忠翻身飞快地下马，上气不接下气地说："辛公子，老爷快不行了，您赶快回家看看吧，他一直喊着你的名字呢！"

辛弃疾快马加鞭，经过家门外那片颓败的池塘，满池的荷花已经凋落殆尽，一片肃杀的秋天景象。等他赶回家中时，已经是中午时分。

进得家门，辛弃疾看到一家人都围在辛赞的身旁，有的关切，有的担心，有的在默默祈祷。辛家几代以来，唯有辛赞官职最高，称得上家里的主心骨，一旦有什么三长两短，对整个家族来说，都有梁柱倾折之感。但是，辛赞毕竟年事已高，生命更迭的自然规律谁也无法逃脱。

辛弃疾一路踉跄着，赶紧跑过去。

辛赞已有数日未下床，从这天早上起来就开始水米不进，一会儿清醒一会儿迷糊，有时候还会说些胡话。

看到辛弃疾到了，辛赞的精神头忽然好起来，他轻轻咳嗽两声，喉咙里的痰好像也没有了，本来黯淡的目光此时变得炯炯有神。有经验的人都知道，年老病危之人如果精神猛然间有所好转，不一定是什么好的

现代人复制的棠溪宝剑

兆头。于是，大家都默不作声，偌大的屋子里一下子变得静悄悄的，时间好像停滞了一般。

辛赞示意身边的人要坐起来，然后用熟悉的目光看向辛忠。辛忠回身从里屋取出一把带鞘的宝剑，递到他的手里。辛赞目光坚定地看着辛弃疾，将那把宝剑往外使劲抽离出一小截，剑锋刚刚露出时，就看到一道光在空中闪动了一下。然后，辛赞又很用力地将剑插回剑鞘，将它交到辛弃疾的手中。

在场的人，也许还有人记得，整整20年前，辛弃疾一岁抓周时，伸出小手指向高处，那时候墙壁上挂着的，就是这把棠溪宝剑。

这是一把辛家祖传宝剑，现在它传递到了辛弃疾的手里。

《中国通史》记载："河南西平有冶炉城，有棠溪村，都是春秋时韩国著名铸剑处。西平有龙渊水，淬刀剑特坚利。"《史记》中曾有记载："天下之剑韩为众，一曰棠溪，二曰墨阳，三曰合伯……"

辛赞用着最后的力量，语气沉稳地告诉辛弃疾："这把剑跟过你的父亲，而且还见过金人的血，希望你将来能用它为国杀敌，为父报仇。"

辛赞又把辛忠招至跟前，托付他好好辅佐、照顾辛弃疾。

辛忠今年已经36岁，原名叫吴世贵，河南濮阳人，靖康之变前，金兵侵略到濮阳城，烧杀抢掠，无恶不作，辛忠父母均被金人所杀。3岁的辛忠成了孤儿，流浪街头。后来流落济南，被辛赞收养，改名辛忠。长大后因有文采、通武略，为辛赞赏识，视如己出，渐渐成为他官场的幕僚和助手，20多年下来，几乎成了家里不可或缺的一员。从某种程度上讲，他还是辛弃疾的武术指导教师，从小就手把手教辛弃疾练拳习剑。

听着辛赞的临终嘱托，此时的辛忠已经泪流满面，他强忍住内心的悲伤，频频点头。

不一会儿，辛赞微微环顾四周，像是没有了什么心事，令人不易察觉地微笑一下，接着面部表情就定格了，眼睛也缓缓闭上。

经过一阵短暂的宁静，有人抽泣起来，接着，整个屋子都响起哭声。辛弃疾使劲喊着爷爷，摇动他的手臂。但是，爷爷辛赞再也不会回应他了。

辛赞出殡那天，正赶上一场大暴雨。送葬的队伍冒雨前行，人们都被淋得浑身湿透。

棺椁入土时，辛弃疾突然跳进两米多深的坟坑里，紧紧抱着爷爷的棺材放声痛哭，肩膀剧烈地抽动着。后来，好几个人使劲拉拽好久，才将他劝开。这个血气方刚的山东大汉对爷爷的生死依恋，让在场的所有人为之动容。

送走爷爷后，辛弃疾来到父母的坟前，为他们烧纸、磕头。

十几年转眼过去，父母的音容和那些温馨记忆已经多少有些模糊，但为父报仇的意志，在辛弃疾心里历久弥坚。辛弃疾最早对金人的仇恨，主要是源于他从小感受到的金人压迫。再后来，又是父亲的死，这种仇恨不共戴天。

这些年来，爷爷身不由己给金人做官差的同时，一直给他灌输的却是抗金复国的思想。

渐渐地，那些对故国山河的游历心得，对典籍中忠君报国的理想养成，加上像岳飞那样的抗金英雄的影响，使得他对金人的仇恨已经开始超越当初的起因，也超越了父仇的层面，而上升到国家与民族气节的高度。如今，收复中原已经成为他此生的最高理想，故乡、家族和亲人的伤痛，都附着在这更深刻的国恨之上。

靖康之难已经过去34年了，恢复宋朝江山的大业目前还远没有着落，但他对金人的仇恨却与日俱增。

一道闪电瞬间划破长空，又一阵大雨倾盆而下，辛弃疾浑身上下都已经湿透。这时候，辛忠慢慢来到辛弃疾的身边，将一只宽大的手掌放在他的肩膀上。那是爷爷的手掌经常搁放的地方，一遇到什么高兴的事情，辛赞就总是喜欢拍他的肩膀。

现在，一切都已经改变。

站在祖坟之地，举目北望，不远处就是历城。

至此，伴随辛弃疾长大的亲人一个一个都离他而去。除了生离死别的悲伤，对他而言，还有着另外的深意——那就是从今往后，没有了家人的眷顾和关怀，无论遇到什么问题，他都只能一个人承担，独自面对这个世界。

当然，无论想做什么，他也可以毫无挂碍地去做了。

从那往后，家族里的人都感觉到，和以前相比，辛弃疾去南部山区的次数越来越多。同时，四风闸村的人还看到，年轻的辛弃疾身上，比过去多了一把佩剑。他们知道，那是爷爷辛赞传给他的。也许，只有他自己最清楚，那把剑对他意味着什么，和身份的象征相比，它更是一种激励与提醒。因为故乡和中原大地还沦陷于金国，从小立下的志愿还未能实现，多年的秘密备战还没有派上过用场。

这天傍晚，辛家后花园里，辛弃疾一人独立良久，然后向左微微侧身，徐徐抽出那把宝剑。依稀的光线中，那把剑闪着寒光，而正是那道光，唤醒了辛弃疾心中一种难耐的激情，像一团火苗一样急剧地燃烧起来。

他先是缓缓挥动着那把三尺长剑，向着右前方，使劲做了一个劈杀动作，随后，全身跟着剑锋移动，整个人都舞动起来，那把剑的金黄色短穗在空中不停翻飞。

在中国，剑是一种古老的兵器，两边开刃，有笔直的剑身和尖锐的顶部，舞动时左右两边都具有杀伤力，用剑尖攻击可以轻易穿透甲衣。春秋晚期至战国是中国铜剑最发达的时期，有名的越王勾践剑等，都是这个时期的重要作品。从那时起，还出现过一股“剑术热”，一大批铸剑师、剑术家活跃在历史舞台上，如越国的铸剑师欧冶子，齐国的张仲和曲城侯。到了宋代，剑较汉朝时更长，且品质更优。剑的击法也自古有之，分为抽、带、提、格、击、刺、点、崩、搅、压、劈、截、洗、云、挂、撩、斩、挑、抹、削、扎、圈等，有20多种。棠溪剑自古有名，为中国九大名剑之首。

辛弃疾在亳州时已经开始系统学习剑法，到开封后辛赞还专门带他遍访名师，加上平时勤学苦练，剑术有明显增长，甚至超过一般的剑术师。尤其是他的反手抹杀已经练为一绝：首先右手挥剑向对方砍去，等对方格挡之时，瞬间回转手腕，长剑从持剑者身前划出一个弧形，剑锋瞬间又从左侧提截而至，剑的外侧刃面直达对方咽喉，而对方的精力主要集中于防护此前的那一劈，无暇顾及这反手一抹。此招最关键的地方是动作隐蔽，身体与步伐协调，回腕速度极快，从而以迅雷不及掩耳之势击杀敌手。

辛弃疾正舞剑兴起，辛忠匆忙来到后花园，对他说，又有一支民间武装的头领前来拜访。辛弃疾收起长剑，到前院去见客人。

自靖康之变以来，金朝统治中原的这些年里，北方汉人的反抗时有发生。

辛弃疾在南部山区的秘密训练，吸引了地方的一批抗金人士，纷纷加入这支队伍。最近一段时间，四面八方慕名而来的勇士更是络绎不绝。

这种秘密练兵，始于辛弃疾的父亲，20年来，在辛家家族中没有停止。这些经过严格训练的兵丁平时可以看家护院，防盗御贼，最主要的还是用来提防金兵可能带来的伤害。由于中原占领区局势的不稳定，一旦到战事前后，金人兵力上的不足，对于汉民各地这种武装势力的存在也就睁一只眼闭一只眼。

绍兴和议后，金人渐渐在中原站稳脚跟，开始向这里大批派出屯田军，也就是金人的猛安谋克军户。猛安，又译萌眼；谋克，又译毛毛可、毛克。金朝统治者创行屯田军，将在东北地区的女真猛安谋克徙入内地。这种屯田猛安谋克人户，实际上是由女真人充任的世袭职业军户。在内部，猛安谋克又分为上、中、下三等，宗室为上，余次之。300户为谋克，10谋克为猛安，其成员、户数前后亦有变化。谋克本意为族长，在女真诸部由血缘组织向地域组织转化后，又有乡里、邑长之意，再引申为百夫长、百户长。在金朝，猛安谋克一词既是职官的代称，也相当于军队编制和地方行政组织的两级单位，还是户制，也有世袭爵衔的意思。

金原有人口大约500万人，单在那一段时期，光是金朝迁居中原地区的人数就有200多万人，徙往今内蒙古自治区一带的有40余万人，留居东北地区的约有200多万人。迁来的这些人常常不事生产，又疏于训练，战斗力逐渐衰弱。他们不归各州县管理而是自成一体，但州县要按照人数拨给田地。他们在原有汉人的村落之间修房盖屋，常常恃势抢占大量汉人的良田和住房，自己却不劳动，再强迫汉人佃农为其耕种。他们对汉人的剥削十分酷烈，往往提前两三年收取田租。汉人佃农在自己的土地上，忍受着来自异族的压迫，却只能心怀愤恨，艰难度日。

金人从渔猎民族演化而来，经历奴隶制时间较长，其统治仍然具有明显的奴隶制色彩。他们除了发动战争掠夺上百万人为奴，平时也在占领区设法将汉人贬为奴隶，下令“欠公私债无可还者，没身及家属为奴婢偿之”，将2000年前的野蛮制度移植到当时的汉人身上，这对于已经习惯享有人身自由的汉民来说是痛苦无比的。

然而，占据中原之后，金人的欲望并没有完全得到满足。弑君篡位的完颜亮是一个很有野心的君主，他成为新一代金国皇帝后，差不多有10年的时间，一直在为彻底吞并南宋做着各方面的准备。完颜亮南侵的目的只有一个，就是要统一天下于女真人之手，建立属于女真人的庞大帝国。

到了金正隆五年（1160），他似乎觉得一切都已经准备就绪。

这一年十月，南宋派使臣虞允文到金国祝贺新年，宴饮之间，完颜亮别有用心地对他说：“我将看花洛阳！”

洛阳历史上素有“东都”之称，以牡丹名满天下。欧阳修曾写道：“直须看尽洛城花，始共春风容易别。”而此刻，完颜亮的话外之意不言自明。

之所以能言语至此，说明完颜亮和女真人的确没有把偏安一隅的南宋和懦弱、苟且的赵构放在眼里。

为了打造攻打南宋的战船，完颜亮曾严令韩锡、张仲愈等人在通州潞河上督促工匠日夜加班，监工常常鞭打这些工匠以加快速度，竟然逼得他们七天七夜不得休息。有的人腿都被水泡烂，生了蛆，累死病死的更是不计其数。同样，战争所需的军械物资也都来自民间，以至“箭翎一尺至千钱”，逼得百姓只好宰杀耕牛，以提供制造军械用的牛筋、皮革、牛角。为筹集军费，完颜亮巧立名目，向各族人民征粮收税，竟然发生先借民间税钱三五年的奇闻，使百姓苦不堪言。

为了组建一支铁骑军，完颜亮下令搜集天下马匹，七品以上官员只能留一匹马，民间马匹则一概征用。完颜亮还荒唐地规定，要将东边的马匹调给西边的军队，而西边的马匹则调给东军。这些马匹在调动过程中，昼夜不绝，死马狼藉于道，马匹过境踩踏，田中随意放牧，致使庄稼严重受毁。有些官吏因马匹死亡太多或者筹不够数，恐担罪名而自杀。就这样，完颜亮在全国征调了56万匹战马。他还下令将河南州县所贮粮米供给军队，不得挪作他用。

女真人的侵夺行径再次激发汉人的强烈反抗，除了南宋朝廷积极抗战外，在金人统治的北方，有些地方的汉人不堪长期遭受女真人压迫，纷纷揭竿而起，汇入全国反金抗金的洪流中。实际上，这种抗金起义在中原各地一直存在，少则几百数千人，多则上万甚至几十万人。当年岳飞在宗泽的指挥下保卫开封时，就曾经招募过活跃于中原一带的起义军。

到金人再次南侵前夕这一段时间，北方许多地区更是接连爆发农民起义，有的和宋朝遗留下来的抵抗武装合作一处，一时形成星火燎原、彼此呼应的局面，大兴（今北京）有王友直，山东密州（今山东诸城）有开山赵，济南有耿京，海州（今江苏连云港）有魏胜。“潼关以东，淮水以北，奋起者不可胜纪”。

这些起义武装规模不等，人数不一，方式不同，有的拉起庞大的有建制的队伍，积极配合南宋军队阻击金军；有的组成游击队，通过各种方法骚扰金人；也有的组成形式不一的自卫队、保安团，保护自己的乡里，与金军对峙。

金正隆六年（1161）初春，转眼祖父辛赞去世半年多过去了，全国各地抗金起义的消息不断传来。22岁的辛弃疾热血沸腾，感到自己报效祖国的时机已然来临，那个等待多年的日子就要到来。他对自己未来的道路走向，已经有了相对清晰的谋划。

种种迹象表明，金朝很可能要对南宋大举进攻，金人在境内抽调兵力，移师前线，加上还要分出精力对付各地抗金暴动及民间武装，导致金国统治地区防守力量削弱，有的地方甚至出现统治真空。北方起义军打击金人，甚至很多地方出现了起义军攻城略地的情况。

此时的完颜亮已经被他吞并天下的狂想完全攫住，其他方面无暇顾及，这也正是北方各地起义军风起云涌的有利条件。

年轻的辛弃疾审时度势，敏锐地看到了这一点。

能在纷繁复杂的局面中保持头脑清醒，并且对大局和局部之间关系的判断准确及时，能够看清楚事物的主要矛盾和发展方向，这是一种难能可贵的能力。只有这样的人，才有可能抓住机会，一举获得成功。

北宋初期，济南称齐州，属京东路，到北宋政和六年（1116），齐州升为济南府，治所设在历城。金国统治济南时仍置济南府，属山东东路，领历城、临邑、齐河、章丘、禹城、长清、济阳7个县。

当时的济南府也不例外，金军大部分兵力被调往南方，只剩下不到5000人，其中还有不少被迫充军的汉人。

经过仔细侦查和周密计划，辛弃疾决定起事时首先攻下历城，这样一方面可以打击敌人，另一方面也可以获得充足的武器和给养。辛家军秘密操练已经很多年，一直还没有机会上战场真刀实枪地对战，现在，机会终于来了。

这是暮春时节的一天，太阳照常升起，人们和往日一样起床、吃饭，然后下地干活。然而，对于四风闸村的辛弃疾来说，这是非凡的一日。

他和辛忠在家族中挑选了数百名青壮年，加上四风闸村和济南的一些豪侠壮士和陆续前来投奔的各路英豪，共1000多人，个个都骁勇善战，其中很多人参加过辛家军的秘密训练。

辛弃疾研究金国的军事和布防情况已经多年，对历城的情况更是做过周密考察，可谓了如指掌。加上他平日里熟读兵书，对各种战法都谙熟于心。这次，他和辛忠反复磋商，精心制订了周密的智取计划。

这时候，耿京起义军已经先后打下莱芜和泰安，那么，济南的南边可以高枕无忧，不会有金兵出现。于是，辛弃疾派出三路人马，到距离历城东西北三个方向25公里远的地方埋伏下哨所，分别监视青州、东平

辛家军起义

和德州方向，一旦发现有增援的敌情，迅速回禀。

历城内虽然守兵不多，但城墙高大，壁垒森严，辛家军人马有限，又缺乏攻城的武器和经验，所以只能智取。历城守兵中有很多汉人，辛弃疾事先早派人做好工作，发展出不少内线。这些内线分布在东西南北四个城门和府衙内，一旦兵起，就会倒戈一击，里应外合。此外，辛弃疾还派出200人左右的精锐人士，事先乔装打扮，带上伪装好的兵器，埋伏在城里，等大队人马一到，他们立即迅速占领城门、府衙、军营及交通要道。

这一天，辛弃疾和辛忠在家中祭拜过祖先，举行仪式，共同发誓驱除金兵，收复大宋山河。然后，换上戎装，装备武器，率领人马，浩浩荡荡来到历城城下。

事先埋伏在东门的内应立即行动，杀掉头领和一些顽固的金兵，说服其他汉人归降辛家军，打开城门，迎接义军入城。

驻守在此的猛安谋克户，平日里对历城人极尽压迫之能事。在历城汉民心中，仇恨的情绪就如同悄悄运行的地火，一旦到合适的时机，就会燃烧起来，甚至剧烈地爆发。知道辛家军要攻打历城，并已经突破东城门，这里的百姓纷纷抄起家伙，加入赶杀金兵的行列中。历城守军中大量的汉人士兵一看这种情形，纷纷脱掉金兵军服，有的跑掉，有的直接跟着义军去和金兵作战。

济南城和别处最大的一个不同是，四个城门中，北门位于大明湖北岸，属于水门。济南城内几大泉群的水喷涌流至大明湖，从北门汇进护城河。北宋熙宁五年（1072），时任齐州知州的曾巩在北水门加筑水闸，防止城外洪水倒灌入城，裨益后世。当时，曾巩还专门写有《齐州北水门记》。北水门平时处于关闭状态，一般情况下和城市攻防无关。

济南北水门

南门很快也被辛家军占领，只有西门处出现顽强的抵抗。辛家军一边与守敌死磕，一边不忘对其中的汉民发起心理攻势，动之以情晓之以理，鼓励他们反戈一击，共同对付异族压迫者。许多汉人看到辛家军来势非同小可，守城的金军渐渐不支，当官的比当兵的跑得更快，便纷纷倒戈加入起义军阵营。这样一来，战斗双方的局势很快变成一边倒。

辛弃疾骑着一匹黑色的战马，身先士卒，连续用长枪挑死几名张牙舞爪的金兵，带领辛家军，穿过历城街巷，突向知府衙门。

不到两个时辰，守城的金军死的死，逃的逃，济南知府张庭钰在一撮金兵的护卫下，从西门逃之夭夭，辛家军很快就占领历城。

在府衙大院内，辛弃疾立即将义军重新编队，指定临时指挥者，并向大家说明起义的目的和今后的去向，同时颁布严格的军令，将缴获的马匹、粮草等物资一一登记在案，告诫起义军不得随意抢掠，不得干扰百姓，不得调戏妇女等，还把缴获的一部分粮食分发给城里的百姓。长久经受金人压榨的历城百姓见此无不拍手称快，欢呼雀跃，他们期盼的时刻终于来临，初次感受到被解放的快乐。

辛家军占领历城的消息迅速传开，济南地区的百姓奔走相告，积聚在心中多年的恶气终于一吐为快。

第五章

大捷灵岩寺　会盟宏愿张

历城被破的消息也震惊了金国，他们立即从青州、德州派出大批金军，向着济南压境而来。

三天后，辛弃疾事先安排的探子报来消息说，东边和北边的金军正在逼近历城。

在辛家军内部，大家初尝攻城拔寨的快感，但不少人虽对金军怀有深仇大恨，却又不愿意远走他乡，就主张多多招募兵马，坚守历城，和金军拼死一搏，打退他们的进攻。

攻破历城之后，许多济南子弟纷纷要求加入辛家军，共同杀敌，再加上金军中归正的汉人，一时间，起义军人数达到两千多。

辛弃疾知道，凭着几千临时拼凑起来的队伍，要想长时间占据一座城池和金军抗衡，是不可能的事情。他和辛家军的几个首领反复向士兵们说明抗金斗争的策略，然后说服大家尽快组织人员，拉上缴获的兵器和军用物资，尽快转移到济南南部山区灵岩寺一带。

刚刚扬眉吐气才两三天的济南汉民们，依依不舍地眼看着辛家军队伍整齐地撤出历城，开往南部山区。

早在起义军攻打历城之前，卓有远见的辛弃疾就已经考察好灵岩寺的状况，提前派人来这里和寺院内的僧人与周边的百姓联系，先行安顿起义军的营寨修筑事宜。当地百姓听说辛家军要来山里驻扎，久受金人欺负的他们都欢天喜地地迎接。

这天下午，辛弃疾腰佩宝剑，骑着那匹黑色战马，率领辛家军来到灵岩寺。

当年，辛弃疾跟着爷爷辛赞去亳州时，就来过灵岩寺，辛赞和这里的净明方丈是要好的朋友。后来，辛弃疾和家族里的人一起到南部山区秘密练兵时也曾多次来到灵岩寺，对这里进行实地勘察，他几乎跑遍了这里的每一个山头，反复研究过此处的地形特点。几年前，净明方丈已经以83岁高龄圆寂。

辛弃疾率众起义的消息不胫而走，传遍历城周边地区，不堪忍受金人压迫的百姓应者云集，几天的时间就聚集起三四千人，他们在灵岩寺一带扎起营寨，扯起辛家军大旗。辛弃疾一时声名远播，成为人们称赞不已的英雄豪杰。

灵岩寺位于济南和泰山之间，是济南南下泰安、曲阜及通往江苏的要道，其军事位置十分显著。它坐落于灵岩山南麓，灵岩山也叫方山，山顶平坦，四壁陡峭，易守难攻。山的南边，是下切较深、草木茂盛的灵岩峪，灵岩寺就建于山峪尽头的山坡上。

绕过灵岩寺，是一条条上山的羊肠小道，曲折迂回，蜿蜒而行，半

济南灵岩寺山高林密

山腰处，有只容一人通过的险要之地，如同天造地设的关隘。灵岩寺主峰海拔668米，周边群峰并峙，有方山、狮山、香山、朗公山、明孔山、珠山、灵山、象山、鸡鸣山、黄岘山等，山山相连，能进能退，十分适合起义军作战和转移。这一带自然景色壮美，因为山体属于独特的岩溶地貌，千万年的自然进化使得这里山洞密布，有麻衣洞、白云洞、观音洞、黑云洞、涵云洞、朝元洞、老虎洞等，小的只能容下三两个人，大的则能容纳数百人，便于起义军驻扎与躲藏。此处山泉众多，光是有名的就有甘露泉、卓锡泉、白鹤泉、袈裟泉、石龟泉、上方泉、华严泉、朗公泉、神宝泉、观彩泉、黄龙泉、卧象泉、擅抱泉等。此外，山上树木繁盛，物产丰富，野果多样。

灵岩寺南边倚靠泰山，可进可退，只有灵岩峪一条山道通向外界，离开外面的官道有5公里之远。

辛家军人虽不多，但在辛弃疾率领下，纪律严明，对当地百姓秋毫无犯，部队管理得井井有条。而且，辛弃疾一向重视军事斗争中的侦查和哨探作用，“知己知彼，百战不殆”，这是自始至终贯穿在辛弃疾军事斗争思想的一个重要原则。

辛家军初步定下的策略是，带领起义军驻扎于灵岩寺一带，依靠山高林深与金兵周旋，伺机出动，打击济南地区的金军，同时等待南宋朝廷收复中原的大军一路杀来，加入其中，实现为国立功的大愿。

辛弃疾在沿途的村里都设置了情报人员，一旦金军有什么风吹草动，军帐中的他很快就会知晓。

辛家军每天在寺前空地上操练队伍，尤其是对新加入的人员加强训练，教导他们练习各种兵器，熟悉演练多种打法和阵法，以及游击战术中的各种突袭与撤离方式。

辛弃疾则在寺庙内四处逡巡，闲暇有兴时，他会在那几棵千年银杏树下打拳练剑。有时他不免感慨，爷爷传授给他的棠溪宝剑现在总算有了用武之地，爷爷和父亲寄予自己的厚望如今正临近实现的边缘。这位后来名声大噪的词人，此时才刚刚成为一名初级的军事指挥者，还没有心思和时间去舞文弄墨，而是提剑带枪，策马奔突，带领他的士兵奋勇作战。

起义军和山里的百姓建立起良好的军民关系，受到当地百姓的拥戴和支持，有的干脆将家里的青壮年送到起义军，有的定期给起义军送来柴米油盐，以实际行动支持抗金。

此时，另一个济南人耿京已经率众在济南南部山区起义一年有余。他率领的山东忠义军已经发展到几十万人，分别攻克了莱芜和泰安，眼下正剑指东平府。加上济南又出了个辛弃疾，金军不免加倍恐慌，遂派出大批军队予以弹压。逃跑至德州的济南知府张庭钰，得到增援部队后很快就率兵卷土重来。

大约是在当年5月底，辛弃疾安排在历城的内线送来情报，说刚刚得到兵力补充的金军近日要搜剿灵岩寺。辛弃疾和辛忠赶紧商量对策，并对起义队伍进行战前动员，针对金军作战的特点进行周密布防。

如果说上次奇袭历城获胜在一定程度上得益于大量汉人临阵归正，那么，这次的金军是有备而来，而且人数远远超过上次守城的金兵，对付起来难度更大。但对于聚拢人马占据山林的辛弃疾来说，他最大的理想就是收复中原，最渴望的事情就是斩杀金兵、驱除敌人。现在，这些敌人就要送上门来，何不借此机会杀他个痛快。

灵岩寺的义军人数虽然不多，但个个都是精锐，他们经历过常年训练，又刚刚参加完攻克历城的战斗，可以说斗志昂扬。应该说，这是一支颇具战斗力的抗金精锐部队。

这天一大早，山口的哨兵骑快马来报，说有一支金军铺天盖地从济南开来，大约有一万多人，直奔灵岩寺。

即将迎敌作战的消息迅速传遍军营山寨，一切都按照辛弃疾的御敌计划有条不紊地进行着。

金军的先头部队刚到灵岩寺山口就遇到义军的抵抗。义军派出一队步骑兵守在山口，经过一阵激战，义军抵抗不住，开始向山里边战边撤，金军先头部队尾随而至，大部队紧紧跟在后面。

从山口到灵岩寺要经过一条两三公里长的狭窄山道，不到一个时辰，等到来犯的金兵全部进入山峪路段，最前面的义军撤进灵岩寺山门，转眼不见了踪影，寺门在金兵快到跟前时忽然关闭。金兵这才意识到很可能中了圈套，一时乱作一团，没等他们缓过神来，山峪两旁猛地杀声四起，山坡上滚下来大量的巨石、树桩，埋伏在半山坡的弓弩手万箭齐发，打得金兵人仰马翻，惨叫声一片，纷纷四散逃窜。

灵岩寺前那条狭长的山道中间有好几道弯，每个拐弯儿处都地势险要，逼仄收紧。这样的关口在这段路途中有三四个，每一处都被义军设下埋伏，这一下就将金兵截成了四五截，互相之间失去联系，无法相顾。这时候，义军分几路快速从山坡上冲下来，将事先准备好的木桩、树枝和大石头堵在山道的中间，挡住金兵前进和后退的道路。两边山上的义军再趁势攻击，顷刻间金军死伤无数，军心大乱。

就在这时候，事先埋伏在山口的义军开始攻击金军的后部。刚才消失在寺门后的先头步骑兵又重新杀出，扑向金军，瞬间歼敌无数。整个灵岩寺山里都成了硝烟弥漫的战场，喊杀声混合着战马的嘶叫声，震彻峡谷。

这时候，辛弃疾骑着那匹黑色战马，冲在队伍的最前面，他的手里舞动着一杆铁枪，威风凛凛，豪气十足。只见他带着一队骑兵从敌军被截开的断裂处猛烈冲击，来回奔突，将金兵打得落花流水，一时间鬼哭狼嚎。

当地百姓和寺院里的僧人中，也有不少武艺高强者，看到痛杀金兵的机会终于到来，便也纷纷加入战斗。

大部分金兵搞不清虚实，又失去了方向，于是纷纷仓皇失措，夺路而逃。

在山口处，义军和金军打得异常激烈，不可开交。就在两军僵持不下时，从山峪的另一侧突然杀进一支数百人的队伍，也不讲究什么战法，只是径直冲向敌阵，一阵猛砍猛杀。济南知府张庭钰躲避不及，竟被这支队伍杀得七零八落。

原来带领这支队伍的是长清张夏山中一座寺庙中的义端和尚，平日里聚众数百人，占山为王，这次获悉辛家军要在此迎击金军，便不失时机前来助阵。这支队伍大都是僧人打扮，有骑兵，有步兵，使用长棍长枪，和辛家军一道，将金军打得招架不住，四散而逃。

最后，知府张庭钰大腿被一名义军士兵的长枪刺中，几名金兵快速过来掩护，张庭钰才得以逃脱，向济南方向仓皇狂奔而去。

在他背后不远处，得胜的义军发出阵阵欢呼。

战斗结束，清点战场，义军又缴获大量马匹和兵器。俘获的汉人士兵，愿意留下参加义军的编入队伍，愿意回家的，辛家军还发给银两路费，让他们回去与亲人团聚。

参战的义端和尚前来拜见辛弃疾，并提出入伙要求。辛弃疾双手拉着他，将他热情地引至军营大帐，两人倾情而谈，都被强烈的抗金使命所驱动，相见恨晚。

再战告捷，辛家军以几千人的力量打败上万的金军，还接纳了慕名而来的义端和尚与不少俘兵，起义军队伍明显壮大。但作为一个年轻有为的指挥官，辛弃疾的头脑十分清醒，他知道，如果辛家军依靠眼下这样的规模，仍然坚持在灵岩寺一带活动，一是很难建立更大的功勋，再者，一旦金军有备而来再次侵犯，双方的胜负就很难说了。

在起义军的指挥部会议上，辛弃疾给大家条理清晰地分析当前的形势。现在，灵岩寺地点已经暴露，经过实战也发现，在装备和训练上与正规部队相比，义军还有明显的差距。再就是义军在火器的运用上明显处于弱势。此外，短时间内，南宋朝廷的大军究竟会不会打到山东境内，很难有所判断。

最后，大家形成一致决议，派出代表去联系耿京，表达要加入耿京山东忠义军的愿望。

在当时席卷整个中原地区的几支起义军中，济南人耿京的忠义军队伍越来越壮大，逐渐声震全国。他们最早起义是在济南城东部的龙洞附近，很快应者云集，先后攻打下好几个城市，多次击败金军，成为当时起义军中的佼佼者。

辛弃疾原先和起义军开山赵有过秘密接触，现在正通过他设法与耿京取得联系。

没多长时间，耿京忠义军派人送来消息，表达了对辛弃疾的赞赏和尊重，并明确表示欢迎辛弃疾带领辛家军加盟。耿京还表示，他率领的山东忠义军正准备攻打东平府，希望辛家军能早日加入阵营，一起参加战斗。

就这样，辛家军在灵岩寺驻扎不到3个月的时间，在打完一场漂亮的胜仗后，再次集体开拔，一路向南，踏上新的征程。

金国占据北方后，一方面要处理好完颜阿骨打家族内部诸多矛盾，巩固现有的皇权，另一方面，作为一个擅长征战的剽悍民族，要想治理好偌大的国家，他们也深知向汉人学习中央集权的重要性，因此，金国也大量汲取北宋礼制和借鉴汉族皇权系统职能，同时注意寻觅合适的汉人作为他们的跟班或代言人。

从扶植张邦昌到伪齐政权刘豫就是他们在这方面所进行的尝试，种种复杂的原因导致这些尝试的失败。然后，金人只能自己来占据并统领大部分北方地域，但他们面临的局面并不乐观。和仅仅靠战争就能攻城略地不同的是，管理国家和统治人心要复杂得多。金人面临的问题，一方面是统治系统和治理方法不够完善到位，再就是猛安谋克制度加深了汉族与女真之间的鸿沟，加上过重的赋税劳役，使得统治者和汉民之间的矛盾日益加深。还有一点，对于沦陷区的汉人而言，南宋的存在始终是他们心目中正统的国家象征，虽然有些遥远而无力，却终归能使汉民心有所属。

种种因素加在一起，造成金国中原地带长期不稳定。如今，完颜亮悍然发动侵犯南宋的战争，长达20年的和平被破坏，无论是南宋子民还是身处压迫之中的北方汉人，仇恨与反抗的火苗四处闪现，渐成燎原之势。

这一年，完颜亮厉兵秣马，加紧做侵略南宋的准备，将大批的金军调拨到淮河、大散关一带的前线，而对中原广大地区一时无暇顾及，有的地方明显兵力不足。即便在金军那些仍存的防守力量中，也有很多属于签军，即由强行征调来的壮丁组成的军队。这样的队伍一旦遇到紧张的战事，进入你死我活的对垒状态，其中的汉民常常会临阵倒戈，加入反金行列。

一时间，北方各地的农民起义和抗金运动风起云涌，此起彼伏，有的扰掠截杀金军，规模大一点的干脆攻占城镇，驱赶金人。有的起义军之间还相互融合呼应，对金国的地方统治造成重创。

30岁左右的耿京本是济南地区一个地地道道的农民，为人正直，性情刚烈，从小习武，爱打抱不平，声名远播，颇有北宋年间梁山好汉的遗风。他本想凭着自己的劳动好好过日子，没想到猛安谋克一次次抢夺去耿家的良田，并横加欺凌，多次伤害到他的家人。耿京走投无路之下，结盟地方豪杰，揭竿而起。

金正隆六年（1161）初，耿京联合了李铁枪等6名抗金义士，在济南东部郊区龙洞与藏龙涧一带拉起队伍，举起抗金复国的义旗，与金军展开你死我活的斗争。

星星之火，可以燎原。刚开始，耿京起义军只有数百人，限于打家劫舍、骚扰金人，但很快，在他竖起的大旗下应者云集，济南及周边地区深受压迫的青壮汉人纷纷加入，起义军很快就发展到数万人，耿京遂号称山东忠义军，自封天平军节度使。节度使是唐朝沿用下来的官名，相当于一个地区的总管统兵，也称都督或总管。耿京和他的山东忠义军

山东忠义军首领耿京

的影响渐渐扩展至外地，很多周边省份的起义军都纷纷从名义上加入耿京忠义军阵营。

博州（今山东聊城）人王友直在河北大名起事，很短的时间内发展至数万人，主动请归耿京节制。江苏宿迁人魏胜，长期率众转战于海州（今江苏连云港）一带，也愿意归耿京节制。山东临沂人开山赵，本来叫赵开山，早在金正隆三年（1158）就结豪杰而起义，拥军数万，金正隆六年（1161）相继收复密州及日照等地，现在也慕名归耿京节制。河南蔡州（今河南汝州）人贾瑞，在嵩山起事，干脆率众来投，直接和耿京合于一处。还有其他一些远在外地的起义军，也都名义上归于山东忠义军。

这样，遍及山东、河北、河南和江苏的诸多起义军的加入，使得耿京的忠义军发展迅速，不到几个月的时间内就成为拥有几十万人的大军，可谓声名大振，势不可当，所到之处，如同摧枯拉朽，对金人政权形成严重威胁，金兵常常闻风而逃。

1161年初，耿京大军在一个月左右的时间内，连续攻占莱芜和泰安，四方百姓，箪食壶浆，欢迎义军。

随着忠义军名声日隆和活动范围的扩大，金国和南宋朝廷都注意到了耿京。金国统治者对之惊恐不已，可又忙于准备南侵，一时难以北顾。南宋朝廷则闻之大喜，因为他的作战牵制了金军，一定程度减轻了宋金前线的压力。

耿京也是济南人，早在起义前就知道历城望族辛家，也听闻过辛家大公子的大名，十分清楚辛弃疾后来带领家族人马起事，杀进历城，大获全胜，然后屯兵灵岩寺。

听到开山赵说辛弃疾意欲来投，耿京不禁大喜过望。在他的忠义军中，骁勇善战的大将不难找，出生入死的士兵也不难觅，但作为一支农民起义军，最缺的就是知书达理、懂得兵法的“秀才”。耿京本来就有将辛家军招至旗下的想法，现在辛弃疾主动提出联合的愿望，何乐而不为呢。于是，耿京赶快回信，力邀辛弃疾火速前来，共谋大业。

辛家军汇入耿京大军

莱芜香山的清晨

这天，辛弃疾带领辛忠、义端和4000多人的辛家军从灵岩寺启程，翻山越岭，一路向南，来到泰沂山脉莱芜区段。

香山雄踞于莱芜西北部大王庄镇境内，是莱芜第一高山，和东岳泰山一脉相承，傲立于鲁中地区的连绵群山中，主峰高918.7米，因山中盛产香草得名。其历史悠久，风光旖旎，山势险峻，沟深林密，耿京的忠义军指挥部就设在这里的九天大峡谷内。

这天上午，耿京带领王友直、贾瑞、张安国等大将站立在军营大帐前等候，要为辛家军的加盟举行隆重的欢迎仪式。耿京身材魁梧，颇有大将风度，只见他眉毛浓密，脸型宽阔，面呈古铜色，一身铠甲，英姿勃发。看到辛家军到来，他一边发出爽朗的笑声，一边快步迎上前去。

21岁的辛弃疾个头高挑，面部骨骼棱角分明，两只眼睛炯炯有神，眉宇间透着一股逼人的英气，腰间挂着那把棠溪宝剑，骑在那匹高大的黑色战马上，显得威风凛凛，器宇不凡。在他身后，分别是辛忠和义端，再往后，依次是骑兵和步兵，队列一字排开，军装整洁，步伐一致，士兵们个个精神抖擞，写有“辛家军”字样的大旗迎风招展。

看到耿京一行，辛弃疾赶紧翻身下马，急走几步，来到跟前，两双大手紧紧握在一起。

耿京朗声大笑，直夸辛弃疾是一个难得的人才，辛弃疾则表示，抗金复国是自己从小立下的远大志向，现在终于可以跟随耿京大帅，共同实现自己的愿望。

一旁的将领都纷纷表示欢迎，士兵群中爆发出热烈的欢呼声。众将领中，河南蔡州人贾瑞看起来却颇有几分文化人的知性，他看向辛弃疾的目光，也显得格外亲切。

辛弃疾的到来给耿京义军注入一股新的力量和生机。随着忠义军的快速壮大，其战略目标的制定、战斗方针的确立以及指挥系统功能的调配等，都面临新的要求。起义军的粮草供应，重大决策的形成与执行，重要文件的起草与传达等，也急需有人管理。而原来起义军中大都是善于攻防与打杀的猛将和勇士，辛弃疾出现得可谓恰逢其时。一经交谈，辛弃疾的许多想法和宏远目标与耿京十分默契。他对国家局势的判断，对起义军未来走向的预测等，很多方面给耿京带来启发，深得耿京认同。再加上两人脾性相投，很快，辛弃疾就得到耿京的高度信任。

不久，耿京任命辛弃疾为忠义军的掌书记。掌书记全名为节度掌书记，本是宋代沿袭唐朝的一个官职，为掌管一路军政、民政机关之高级秘书，也是节度使的直接下属，有一定的参谋长职能。在耿京大营中，顾名思义，掌书记除上述职能外，还负责掌管起义军的大印和重要文件、文书。辛弃疾从此成为耿京忠义军的高级首脑之一，帮助耿京编制起义军的人马，制定军规和对待俘虏的政策，协调其他前来投奔的义军。

这时候，耿京忠义军正处在一个何去何从的十字路口。放眼全国的情形，完颜亮将大量的金军集结在宋金前线，准备发动新一轮的侵略战争。南宋也在被迫应对，同时加大对北方地区各路起义军的鼓励与支持。山东忠义军在攻打下莱芜、泰安后，究竟是继续向西向北开进，在金军的战线后方进行扰动，趁机收复城镇，还是往东南方向发展，和宋金前线连接起来，直接加入南宋的抗金战略部署中，这成为摆在忠义军面前的一个难题。军中意见一时很难统一，耿京有点左右为难。

成为掌书记后，辛弃疾兢兢业业，恪尽职守，尽力为耿京分担责任，全力发挥自己的特长。他派出几路侦查人员，及时搜集情报，随时观察局势变化。与此同时，他还反复推敲形势，殚精竭虑，日夜思考着山东忠义军的发展方向和命运抉择。

在忠义军的高层指挥人员中，辛弃疾和贾瑞有着较多共同语言，对于忠义军未来的走向意见也基本接近，两个人自然就接触多一些，慢慢结下了深厚的战友情谊。关于忠义军向南发展，争取早日得到南宋朝廷的认可，归附于南宋抗金大军的格局中，发挥更大的作用，以获得长久发展，两个人的意见竟高度一致。

金正隆六年（1161）六月，在基本完成南侵军事准备之后，完颜亮入驻开封府（今河南开封），开始具体布置侵宋事宜。

九月，完颜亮集结50万大军，对南宋发动大规模战争。之前，完颜亮曾雄心勃勃地宣布：“百日之内，一定灭掉宋国。”

完颜亮按原计划在开封誓师，兵分四路南下侵宋。第一路完颜亮亲率32万总管兵进军寿春（今安徽凤台）。第二路水军由海上进趋临安。

第三路自蔡州（今河南汝南）进攻襄阳。第四路由凤翔（今陕西凤翔）攻取大散关（今陕西宝鸡西南），并待命进攻四川。另外，左监军徒单贞率两万人攻江苏淮阴。

随后，完颜亮顶盔戴甲，率领大军，浩浩荡荡大举南下。

此时，以耿京为统帅的山东忠义军已攻克兖州、东平。在起义军中初步奠定威望的辛弃疾，以掌书记的身份参与最高决策，更以视野开阔、高瞻远瞩为耿京所重用。

忠义军虽然人数众多，规模渐大，但毕竟大都由农民子弟组成，组织涣散，缺乏训练，整体素质参差不齐，作战主要依靠单纯的勇气、个人能力和人多的优势。忠义军中不少将领都是有勇无谋的平庸之辈，很多人汲汲于功名富贵和钱财女人，对于金国的真正实力和敌情变化知之甚少，对己方面临的近期和中长期威胁缺乏思考。

辛弃疾不失时机地给耿京提出明确建议，从长远看，如果尽早归附南宋军队，由朝廷统一指挥，统一行动，方能大有作为。从地域上讲，忠义军要注重向东南发展，与北上抗金的南宋军队形成呼应，必要时可以兵合一处，共同对付金兵。

也就是在这时，宋金之间对峙的局面发生了微妙的变化。

完颜亮在采石之战大败后移师扬州瓜洲渡，准备会集水军渡江攻宋。此时的他已经因失败而变得暴怒无常、气急败坏，他命令金军三天内必须打过长江，否则军法处置，这使金军的内部矛盾迅速激化。

金正隆六年（1161）十一月二十七日，金国兵马都统领耶律元宜与其子耶律王祥、都总管徒单守素、猛安唐括乌野等联兵反叛，与完颜亮近卫军将士共谋，于拂晓发动兵变。完颜亮听见动静时还以为是宋军来劫营，急忙起身穿衣。这时，一支箭正好射入帐内，他拿起一看，很诧异地说道："这是我军的兵器啊！"再等他刚要伸手取弓，又一支箭射来，他随即倒地。叛将看到他的手和脚还在动弹，就用布带子将他勒死，他的5个妻妾也都被部下所杀。

实际上，在此之前差不多一个半月的时间，也就是十月八日，比他小一岁的堂弟完颜雍已经在辽阳诛杀高存福等人，登基称帝。完颜雍亲赴太庙，祭告祖先，又在宣政殿登上皇帝宝座，成为金世宗，改元大定，下诏废除完颜亮帝位。

也就是说，完颜亮被部下所杀时，早就众叛亲离，大势已去。

历史有时候就像一个很会开玩笑的老人，12年的时光很快过去，这个当年靠弑君篡位登上皇帝宝座的一代枭雄，也落得同样下场。

第六章

激战东平城　追杀贼和尚

在金国权力交替过程中，金人在采石和胶西陈家岛遭受重创，元气一时大伤。完颜雍想要控制从东北到中原地区、使金国内部获得稳定尚需一段时间，因此中原地带的统治出现松动，鲁中地区和鲁西南大部都是如此。

莱芜、泰安先后为耿京所破，忠义军利用对泰沂山脉环境熟悉的优势，合纵连横，交叉往复，互相呼应，使得这一带几乎成了忠义军的天下。

金国易主和完颜亮被杀的消息很晚才传到耿京和山东忠义军这里，受采石之战与胶西海战胜利的鼓舞，耿京决定大干一场，收复失地，驱除金兵。

金大定二年（1162）正月，耿京忠义军十几万主力大军逼近东平府，一场攻守大战一触即发。

东平府地处山东鲁西南平原的东缘，距泰安70公里，东仰“三孔”，北瞻泰山，南望古微山湖，西观水泊梁山，素有“东文、西武、北岱、南湖”之称，是鲁西南平原地带的交通与经济中心，一向号称“商贾云集之埠，兵家必争之地”，北宋宣和元年（1119）由郓州升为东平府，府治即今山东东平县。

南宋建炎四年（1130）九月，伪齐政权头目刘豫在北京即帝位后，接着回到东平府，并升东平府为东京。东平府在那一段时期内，人口有所增加，街市得以扩建，城防明显巩固。

东平城墙高大巍峨，泰安、莱芜的金军被忠义军打败后大都退守于此，使得东平的守军增加不少，平添相当的实力。

辛弃疾作为掌书记随军出征，负责掌管帅印，参加高层军事会议，为攻打东平出谋划策。对于忠义军而言，虽然所到之处一呼百应，势如破竹，但攻打东平府这样的府城，和泰安、莱芜两个小城相比，从经验到装备来说，都还是第一次。

辛弃疾先前有过数次前往北方金国统治地区秘密探访的经验，对金人城防策略与具体兵员部署有所了解。此外，辛弃疾还十分重视和擅长谍报、侦察工作，自己手下就拥有不少这方面的人才，这次悉数派上用场。

在战前的军事指挥会议上，辛弃疾提出，忠义军应采取“围三阙一”战术，从东北南三面围城，留出西城门任由金兵撤退。东平西边几公里就是东平湖，忠义军事先在湖边芦苇荡埋伏下一支劲旅，等溃逃的金兵一到，伏兵出而歼之。辛弃疾还建议多派一些人提前混进东平城中张贴通告，号召金军中的汉人起义，也通告并震慑那些顽固不化的金军，只要缴械投降，破城后一律放他们回家，否则格杀勿论。攻城战一旦开打，还须派人用弓箭将一些瓦解金军斗志的传单射入城中，以攻金军之心，先行消解他们的精神防线，并号召当地百姓伺机袭杀金兵。

耿京没有想到，辛弃疾居然对城防的攻守如此谙熟，便采纳他的建议。于是，耿京派张安国、王世隆带2万人马绕过东平县城，事先到东平湖附近埋伏，其他事宜也都按照辛弃疾的策划执行。

春节刚过去不久，耿京率领的山东忠义军兵临东平城下。

一声号令，鼓角齐鸣，忠义军以排山倒海之势向着城墙处蜂拥而去。士兵们架起高高的云梯，纷纷争前恐后，前赴后继，一次次爬上城墙，与守城金军展开生死搏斗。金军凭借城墙的优势，利用滚石、檑木等阻击攻城士兵，一时间，城墙下堆满忠义军的尸体，后继者就踏着这

神臂弩复原图

些尸体继续强攻。

除了战略和战术正确外，忠义军前不久在攻打泰安、莱芜时缴获的一批床子弩和神臂弩在此次的攻城战斗中也发挥了十分重要的作用。神臂弩是那个时代的克敌利器，杀伤力强大，它的弓用坚韧的山桑木做成，又用坚实的檀木做弩身，以麻为弓弦，轻巧坚劲，枪膛用铁铸成，以钢为机，麻索系扎，丝为弦。神臂弩最大射程将近400米，可由一人发射，能够贯穿重甲，令敌方胆寒。

床子弩就更厉害了，差不多可以说是弩箭武器的巅峰之作，依靠几张弓的合力将一支箭射出，往往要数人转动轮轴才可拉开，然后用锤子

床子弩复原图

敲打扳机进行发射，射程可达500米以上，确实是当时的远程重型武器。当年北宋澶渊之盟前夕，契丹大将萧挞凛就是中了宋军的这种床子弩箭阵亡的。床子弩的箭与众不同，箭身长一米多，箭头是圆形的铁球，没有刃，射出后呈抛物线，因箭头沉重从半空落下几乎垂直，靠其冲击力致人死命。床子弩正好适合用来对付城墙高处的守敌，在攻克东平的战斗中发挥了显著作用。神臂弩和床子弩原本是宋军的重磅武器，后也被其他民族学去。

经过一天一夜的激战，忠义军首先从东门突破，攻入城内，守城的金兵看到大势已去，士气全无，其中的不少汉人调转枪头，现场加入忠义军队伍，一致对付金兵。又经过近两个时辰的战斗，守敌除被歼外，大部分缴械投降，一部分残兵败将拥着金人知府从西门仓皇逃窜，出城数公里，跑到了东平湖边。

没想到，不等他们喘口气，只听得战鼓雷动，杀声震天，张安国、王世隆所率忠义军在此等候多时，此刻正好从芦苇荡中杀出，直扑金军而来。不一会儿工夫，这支逃兵大部被歼灭，只有金人知府慌乱中与士兵换装，带着几个贴身护卫逃脱。

至此，东平被忠义军攻下，全城百姓敲锣打鼓，欢迎胜利之师，多年来遭受金人蹂躏的恶气一朝出尽。是晚，整个东平城都锣鼓喧天，鞭炮齐鸣，军民同欢，庆祝东平府回到汉人手中。

一时间，山东忠义军威名四震，远近豪勇之士纷纷来投。东平府一战，也更加奠定辛弃疾在耿京心目中的地位，虽然官职还是掌书记，但耿京对他的信任已大大加强，甚至非常依赖他了，不论大事小事，都免不了征求他的意见。

东平之捷给山东忠义军将士带来一些心情和情绪上的变化，不少高级将领的抗金信心和杀敌决心大增。有的主张继续向西南开拔，进入河南，攻取开封，也有人主张向北发展，和河北的王友直部会师，席卷河北全境，直捣北京。

之前，忠义军攻打下泰安、莱芜后，除派大将驻扎在城内外，出于安全和机动便利考虑，耿京将忠义军的指挥大营和大部队都安置在泰沂山脉中。可这次攻破东平后，情况与前大不相同。一是东平府是一座府城，粮仓丰廪，物资丰富，集市繁华，条件远非泰安、莱芜可比。再就是东平湖近在咫尺，有很好的鱼米资源，忠义军驻扎于此，可以享受到相对富足的生活。而这一点，对大部分农民起义军将士而言，可谓充满诱惑。因为，除了反抗金人的残酷统治，吃喝不愁，生活殷实，本就是他们起事的重要价值追求。

于是，有人建议将忠义军总部驻扎在东平城内，以此为根据地，四面出击，打击金军，辛弃疾则认为此举不妥。他从南宋和金国的对峙局面出发，详细分析了完颜雍即位后的基本状况，推断说金国一旦稳住局势，必然派兵前来大力弹压中原一带的义军。大军驻扎城内，一是缺乏管理城市的经验，再就是等于把自己放在明处，很容易让金人对忠义军了如指掌，一旦双方交锋，必然处于被动局面。目前，西边和北面还是金国地盘，如果起义军孤军深入，尽管有河北境内王友直的接应，但很可能陷于腹背受敌的局势，到那时候就回天乏力了。按照他的观点，忠义军应该改变策略，放弃向西向北挺进，转而向东向南发展，往沂蒙山区和海州一带活动。那里现在是起义军和南宋军队的势力范围，正位于宋金前线，忠义军可以和南宋魏胜大军合成一处，建立并肩作战的关系，北上可以联合打击金军，南下可以回归朝廷。

事实证明，辛弃疾的判断的确高瞻远瞩。

完颜雍即位后，金朝内有贵族争权夺利，外有南宋军队对峙和各处此起彼伏的起义，他面临的首要问题就是稳定政局。完颜雍上台后，一反完颜亮滥杀反对派的做法，而是采取宽容的姿态对待宗室贵族和原先完颜亮手下的高官。他多次下诏，对那些被完颜亮残害的大臣，派人到各处访求其遗骨，找到后予以安葬；被残害大臣的家属凡是沦为奴仆的，即刻恢复他们的身份；对那些被无故削职、降职的官员，给予改正，并量才录用；对有些原来反对过他但有才能的人，不计前嫌，仍然予以重任。

这些措施很快就起到了安抚、笼络女真宗室的作用，许多贵族和原先完颜亮的部下，纷纷前来投奔，金国的最高统治集团内部不久就得以初步稳定。

然后，完颜雍开始着手对付各地起义军。当时，契丹人移刺窝斡领导的契丹部族大起义，严重威胁着金朝的统治。金大定元年（1161）底，移刺窝斡称帝。完颜雍即位后，采用一软一硬两手来对付他，先是派人去招降，没有奏效，随即派军队前往镇压，结果又被窝斡起义军打得大败。

金大定二年（1162）正月，完颜雍又派大将领兵逼近移刺窝斡起义军，并对归降者许以优厚条件，还大搞策反，想方设法孤立移刺窝斡。后移刺窝斡终于被人出卖，被压至京师。完颜雍残杀起义军首领的手段十分残酷，他把移刺窝斡枭首于市，把他的手和脚都砍下来，分悬各处。为防止契丹人反抗，完颜雍把参加起义的契丹人分别编入女真的猛安谋克各部，使之杂处其间，便于钳制和统率。金朝境内一旦取得相对的稳定，完颜雍就开始对中原起义军围剿。

完颜雍登基后不久，完颜亮被杀，金军大规模北退，除了在个别地区还有局部战斗和拉锯战外，宋金之间的战争基本结束。

本来南宋就是被动应战，宋孝宗巴不得早一天和金国议和，心理上一直处于恐金状态。实际上，这个时期，淮河以北原来金国的统治区内，江苏、山东与河南境内有不少区域都被各路义军收复、占领，但南宋唯恐再次惹怒金国，其正规军队一直不敢进入这些地区，致使很多地方又复陷金人之手。这样，没有南宋军队造成的威胁和前线战事的困扰，完颜雍就可以放心大胆组织兵力来对付这些地方的起义军。

这个时间节点，恰恰就在山东忠义军攻打东平前后。可以说，东平府收复后的军民联欢还没有尽兴，忠义军将士还没来得及休养生息，很快就遭到金军反扑。在山东、河南一带，完颜雍以金兀术的女婿纥石烈志宁为帅，纠结大批金军，向着各路义军逼近。

几天前刚刚打下东平城的山东忠义军，现在则完全调换位置，十几万起义军的大部都被金军围困在东平城里。

和攻城相比，忠义军更缺乏守城的作战经验，加上前来进攻的金军人多势众，装备精良，士气正旺，只半天时间，东平城西门和北门便相继被金军攻破，忠义军死伤惨重，只能退出东平。

和训练有素的金军相比，忠义军将士多是半路出家，加上之前的接连胜利，忠义军内部难免产生骄傲与浮躁情绪，一旦遇到重创，士气又极易低落。诸多因素交汇，山东忠义军且战且向东撤退，再次回到泰安、莱芜山中。而金军则在后面穷追不舍，没有丝毫放松的意思。忠义军只得再向大山深处躲避，进入泰沂山脉纵深，驻扎在新泰境内的莲花山中。

此时正是隆冬时节，山里气温骤降，忠义军困境重重，耿京和他的忠义军遭受到起兵以来最艰难的局面。

辛弃疾的预判得到印证，包括耿京在内的忠义军高层指挥人员，开始把信任和希望的目光投向他。与此同时，面对如此困境，灰心、厌战等低落情绪，开始在忠义军将士之间迅速蔓延。

恰恰就在这个时候，忠义军大帐中发生了一件意外的事情，这件事来得那么突然，差点彻底改变辛弃疾的命运。

莲花山位于莱芜与新泰交界处，因九峰环抱，状似莲花而得名，古代称作新甫山，《诗经》中曾有“新甫之柏”之句，写的就是它。莲花山历史悠久，文化底蕴深厚，其东西绵延一二十公里，主峰天台峰海拔999米。秦始皇东巡曾驻跸于此，汉武帝也曾巡幸莲花山，晋唐以降，山间佛教兴起，香火日旺。

忠义军进山以后，派兵紧紧守住山口，而大营在山里依次排开，和金军暂时形成僵持局面。

时间已经进入冬季，天气越来越冷，粮草和取暖都成了大问题。

与此同时，完颜雍对付中原起义军使出了一硬一软两手策略。除大兵压境外，金军还不厌其烦地发出大赦旨令：“在山者为盗贼，下山者为良民。”并且想方设法将之反复通告给起义军基层将士。

忠义军将士大部分是出于对金人的反抗和贫穷的威逼而聚义山林，现在眼睁睁看着金人卷土重来，忠义军的境遇越来越被动，南宋军队又迟迟没有北上，朝廷强烈希望求和的消息不断传来。这种情况下，金军的招降攻心术自然会起到不小的作用。

忠义军内部的颓废情绪愈来愈重，军心受到严重干扰，三三两两甚至成群结队的逃亡时有发生。有的人甚至起了异心，欲投靠金军，以谋得一官半职，和尚义端就是其中一个。

这个叫义端的和尚，是泰安宁阳人，从小喜欢舞枪弄棒，好勇斗狠，年少时家中遇到变故，父母双亡，遂出家在长清张夏通明山上的义净寺里做了和尚。义端早年性格豪爽，喜行侠仗义，也曾结交一些勇士豪杰，颇有几分号召力。后来看到金朝内部骚动不安，华北各地不断爆发各路起义，见时机已到，便聚集数百人揭竿而起，在义净寺占山为王。听说辛弃疾率众在灵岩寺高举抗金复国的义旗，大名威震一方，义端就带着手下一众前来投奔，正碰上辛家军与金军交锋，便直接参加了战斗。辛弃疾见义端生得脸阔耳方，浓眉大眼，虽是出家人，身上却颇有几分山东大汉的勇猛爽快。一经交谈，辛弃疾了解到他自幼爱好兵法，练得一身功夫，对金人有践踏乡土之恨，又有成就一番事业之心，便让他带着手下人马留驻下来，和辛家军并肩作战。

后来，辛弃疾投奔耿京时，义端曾经有些犹豫，担心耿京的忠义军兵马过盛、将领众多，自己排不上号。辛弃疾则从大局出发，劝他不要过多计较个人得失，如果各地起义军分散各处，不能很好地联合，一旦遇到金军围攻，很容易被各个击破。就这样，义端将信将疑地跟着辛弃疾加入耿京大军，做了一名下属。

刚开始，义端表现还算不错，作战时也能够身先士卒，平时与普通士兵同甘共苦，但时间一长，他渐渐发现，忠义军有着严明的纪律，每当攻占城池打了胜仗，却不允许敛财扰民，生活条件还不如自己在山里为王时。时间一长，他感觉眼前的一切和他最初所愿大相径庭，渐渐地，便生出了异心。

现如今，忠义军打了败仗，数九寒冬的日子里，整天在大山里转来转去，前景无望。义端觉得再跟着忠义军走下去，原来梦想过的荣华富贵就会成为泡影。而且，金兵来势凶猛，再这样耗下去很可能连性命都难保。加上金军通过各种形式不断向忠义军进行渗透、施压，并开出优厚条件，引诱起义军回家或向金人投降。

这一次，义端彻底动了心。

他表面上跟着忠义军来回转战，但私下里却与金人搭上线，伺机叛变投敌。那边提出条件，希望他能窃取耿京的帅印作为改弦更张的投名状。

这天晚上，心怀鬼胎的义端带着事先准备的酒肉，来到辛弃疾营帐。辛弃疾乃重情重义之人，见到义端非常高兴。此时，入夜的山林更加寒冷，浑身上下没有一点热气。辛弃疾也是好饮之人，看到好酒好肉难免心动。于是，他也拿出仅存的酒肴，两个人就在大帐中喝了起来。

三杯两盏，你来我往，酒兴渐浓。一个毫无防备，一个早有预谋；一个坦坦荡荡，一个心怀鬼胎。连日为作战辛苦操劳的辛弃疾本来就很疲惫，更架不住义端一再花言巧语，没多久，辛弃疾就觉得昏昏欲睡。义端假意搀扶辛弃疾上床，看着他打起呼噜。

义端趁机将耿京帅印偷出来，装进随手带的褡裢中，背在身上，悄悄溜出军帐，骑上事先准备好的快马，带着十几个亲信连夜逃往金军大营。

过了大约半个时辰，辛弃疾在一片吵闹声中醒来。他揉了揉惺忪的睡眼，还没搞明白怎么回事儿，就被几个高大的忠义军护卫按住，押到耿京的指挥大帐。

耿京本就生得高大威猛，宽额方面，此时更是怒火中烧，只见他浓眉倒竖，满脸铁青，用手指着辛弃疾说：“你丢失帅印，该当何罪！”

辛弃疾惊出一身冷汗，一个激灵，酒全醒了。他这才知道，是义端刻意将他灌醉，原来另有图谋。

对于起义军而言，帅印的作用非常重要。山东忠义军人马最盛时，达几十万人，其将领众多，兵员分布地域较广，忠义军总部的军令通常都是通过帅印大章得以贯彻执行，各部队常常认印不认人。这种情况下，一旦帅印被盗，后果严重。

酒醒后的辛弃疾羞愧难当，知道错在自身。他十分清楚，身为掌书记，丢失帅印之罪非同小可。

更让他恼怒的是，义端本是他引荐至耿京大军的，现在却叛变投敌，做出此等下作之事。

辛弃疾恨得咬牙切齿，对耿京大声说道：“丢失帅印罪该万死，任凭处置，毫无怨言，只是帅印被盗，后患无穷，恳请大帅给我三天期限，去追回帅印，完璧归赵，如若不然，回来以性命相抵！”

耿京见状，赶忙让人给辛弃疾松了绑，并把自己的黄骠马坐骑牵来，将缰绳递到辛弃疾手中。辛弃疾二话不说，拱手相谢后，翻身上马，使劲抖动缰绳，右手高举马鞭，“啪”的一声，那黄骠马上半身都腾起在半空。马蹄刚落地，旋即又弹跳起来，一声明亮悠长的嘶鸣之后，那马驮着辛弃疾一溜烟地向远处飞驰而去。

起义军大部队刚离开东平、兖州不久，金军便从西边蜂拥而来，将主帅大营立在东平城内。辛弃疾推测义端一定想着尽快将帅印作为投名状献给金军。这样的话，他逃跑的方向应该是去往东平。而且，如果不走官道，从莲花山到东平就必经徂徕山区。

辛弃疾趁着浓浓夜色，快马加鞭，一刻也不敢懈怠。终于，在第二天天刚蒙蒙亮的时候，他追上了义端。在徂徕山南麓，矗立着一座巍峨的白云寺，义端一行刚从庙里出来，要继续赶路，没想到迎面碰上单人独骑的辛弃疾，仿佛从天而降，一下挡在他们面前。

一看到手提宝剑怒目圆瞪的辛弃疾，跟着义端逃跑的十几个人吓得呆立原地，不敢动弹。义端纵马奔逃没几步，就被辛弃疾追上，从马背跌落。义端跟随辛弃疾已有一段时间，十分了解辛弃疾的性格脾气和高超武功，一时间大惊失色，扑通一声跪在地上，连连求饶。

看到辛弃疾有所犹豫，跪在地上的义端便继续哀求："我知道你真

斩杀义端和尚

正的命相，是上天派来的青兕，你有力量杀人，希望你看在我曾经跟随你的分儿上，放过小人，日后我定有回报！”

青兕是中国上古瑞兽，状如水牛，全身青黑，长有独角，逢天下将盛，才会出现。传说中太上老君的坐骑板角青牛就是兕，和犀牛相像但又不一样。

义端能说出此话，说明他对辛弃疾一直都特别畏惧，现在想通过这种方式来讨好。

辛弃疾没有吭声，右手高高挥起手中那把棠溪宝剑，带着一股风声迅速向下劈去。一道光闪过之后，义端身首异处。

然后，辛弃疾朗声对那些跟随义端的士兵说：“愿意回家的可以回家，愿意返回忠义军的跟我走，谁要是继续做投敌叛国的事情，义端就是下场！”

接着，辛弃疾调转马头，踏上回返的路。那十几个士兵远远地跟着他。

临近中午时分，辛弃疾回到起义军大营，见到耿京，奉上大印，然后将义端首级掷于地上，拱手对耿京道：“大帅，小人说到做到，这是义端的人头！”

耿京见状，感觉既有些意外又在意料之中，他使劲儿拍着辛弃疾的肩膀，哈哈大笑不止，旁边的忠义军将士则爆发出一阵惊天动地的欢呼。

大印追回，辛弃疾重获耿京信任，他的所作所为赢得忠义军将士的赞佩。从此以后，耿京也对他更多了几分倚重。

第七章

奉表赴京城　单骑闯敌营

两军的形势对忠义军越来越不利，天气也变得愈加寒冷，将士们过冬的衣物匮乏，金军逼迫得越来越紧，几条出山的线路都遭到封锁，与外界忠义军之间失去了会合的可能，到底何去何从，成为摆在耿京面前的一个急切问题。

几场仗打下来，辛弃疾对忠义军的发展前途又有了一些新的思考。这时候，他向耿京提出来，山东忠义军主力部队应该迅速南下，与魏胜、开山赵、王世隆和李宝会师，与南宋军队合为一处，继续抗金大业。除了张安国等少数人反对外，辛弃疾的倡议很快得到以耿京为首的忠义军将领的认可。

耿京适时发出命令，忠义军向南转移的具体事宜由贾瑞负责，左路军向东开拓则由张安国负责，辛弃疾具体协调忠义军的整体行动。即日起，山东忠义军主力放弃鲁中地区，突破金军的包围，向海州（今江苏连云港）方向活动。

按照辛弃疾的想法，南下归附朝廷并非要将起义军带回南宋境内，图谋一官半职，而是像魏胜配合李宝那样，发挥各自的优势，积极配合南宋的北上抗金军事行动。这样一来，起义军将士仍然转战于北方大地，不至于离乡背井。更重要的是，按照辛弃疾的计划，如果能得到南宋朝廷的认可和支持，抗金大业有望获得更大进展，起义军也就不会仅仅停留在聚义山林的阶段，而是有望真的将金兵赶出中原，恢复大宋河山。

驱除金人，南北统一，这是辛弃疾心中蕴藏的一个深层愿望。现在，他离这个愿望越来越近。

半个月后，山东忠义军大部转移到了海州西北数十公里的地方，在那里安营扎寨，耿京带领辛弃疾、贾瑞、张安国等人和李宝、魏胜见了面，相谈甚欢。几路军马汇聚此地，南宋方面的军事力量一时大增。

李宝感觉山东忠义军人数众多，名声响至全国，要和自己率领的南宋军队一同作战，事关重大，自己无法做主。他建议耿京派人再南下，到临安面见高宗皇帝，陈述愿望，听候朝廷的安排和调遣。

不久，耿京决定派辛弃疾和贾瑞带上奏章，前往临安面见皇帝。这时候又传来消息说，皇帝最近一段时间正在建康（今江苏南京）巡视，于是，两人带着十一二个随行人员，很快从海州出发，先渡过淮河到楚州（今江苏淮安），经过扬州后再次渡江，于南宋绍兴三十二年（1162）正月十八到达南京。

南京在北宋时称江宁府，到南宋更名为建康。这个名字还是高宗皇帝亲自给改的。早在建炎元年（1127），中书侍郎李纲就曾经奏请过要以江宁府为东都，同时朝廷还令江宁府建造太庙、城池、宫殿等。当时，很多南逃的皇室成员，往往要先来到江宁府落脚。建炎三年（1129）三月，赵构从杭州来到江宁府，驻跸神宵宫。此时，大宋王朝的半壁江山已经丢掉，长江南岸的江宁府成为南宋最重要的城市之一。五月，宋高宗将江宁改为“建康”，是颇有深意并有所期待，改名本身也说明他对江宁府的重视。

建炎三年（1129）二月，金人兵临江宁府。这时候，任江宁知府的正是著名女词人李清照的丈夫赵明诚。外面有金军围困，又听到城内有人谋反，被吓破胆的他趁着夜色偷偷用绳子爬下城墙逃走了。赵明诚因此受到朝廷革职的处分，也遭到夫人李清照的鄙夷。后来，李清照经过项羽自刎处，写下千古传唱的《夏日绝句》：“生当作人杰，死亦为鬼雄。至今思项羽，不肯过江东。”写这首诗时，李清照的心里一定会想起丈夫的丑行。

相比胆小如鼠之辈，能够为大义而慷慨赴死的壮士更让人钦佩与缅怀。建炎三年（1129）十月，金兵再侵建康，留守杜充等人投降金兀术，建康通判杨邦乂英勇抗金，兵败被俘。金人劝他投降，杨邦乂咬破手指，在衣服上写下“宁作赵氏鬼，不为他邦臣”。金兀术又许他溧阳知县，他以头碰柱，以至鲜血直流，并大声训斥对方：“不怕死的人岂能为其他利益所动，请速速杀我！”他还指着金兀术破口大骂：“你们女真图谋中原，上天不会长久帮助你，有朝一日你定将碎尸万段，现在你怎么能如此玷污我！”金兀术恼羞成怒，遂命令刽子手割去他的舌头，剖开他的胸膛，将心脏剜出来。杨邦乂慷慨就义，年仅44岁。

建炎四年（1130），赵构下旨严令收复建康。岳飞正是在这次战斗中名声大噪，他在牛首山、静安等地痛击金兵。建康城这次被收复后一直到南宋灭亡，再也没有被其他民族攻占过。绍兴初年，赵构多次来到建康，驻跸这里的行宫，差不多每一次都是由岳飞率军护送。

建康被称为“六朝金粉地，金陵帝王州”，历史上先后有多个朝代在此建都，其商业繁华程度不亚于临安。南宋期间，建康人口最多时达到近20万人。玉带般的秦淮河和宽阔的玄武湖、秀美的莫愁湖点缀着城市，巍峨的古城墙高高耸立，显示着这个城市独有的皇家气派。

有学者指出，从建炎三年（1129）至绍兴八年（1138），建康相当于南宋朝廷事实上的首都。绍兴八年正月，赵构离开建康，定都临安，但依然将建康作为南宋王朝的“留都”，直至南宋灭亡。成为留都的建康，依然受到很多人的青睐，陆游就曾多次上书朝廷，请求迁都建康，辛弃疾后来也有过同样的建议。

在宋朝最著名的文人里，有好几个都来建康做过官，其中就有王安石、张孝祥和范成大。再后来，辛弃疾本人也做过几年的建康通判。而现在，辛弃疾还是第一次来到这里。

和六朝时人口超过百万的繁华相比，现在的建康有些落寞。前些年历经战争的劫掠曾一度衰败，南宋安定下来后的这十几年，其繁华景象虽有所恢复，但也今非昔比。不过，辛弃疾、贾瑞一行这次重任在肩，前途未卜，也无意去观赏风景，只是专心等候高宗皇帝的召见。

在皇帝那里，往往有些专用的词汇。比如“行在”，也称行在所，顾名思义，指天子所在的地方，也用来专指天子巡幸所到之地。

现在，建康就是皇帝的“行在”，临时的行宫就是过去的江宁府府治，建在原来的南唐宫城旧址上。第二天一早，辛弃疾和贾瑞就来到这里，在太监的引领下，小心谨慎地去拜见皇帝。

高宗皇帝戴着幞头，端坐在龙椅之上，很有些威临天下的模样。行过叩拜礼之后，由辛弃疾诵读奏章。鉴于惯常的程序，先是对高宗皇帝一番歌功颂德，然后开始简短讲述山东忠义军从起义到目前的发展历程，最后表述归附朝廷共御金军的心愿。

宋高宗

皇帝例行公事地表示欣悦接纳，并审慎地赞扬他们远道而来的举动和诚意，接着就让太监宣读了事先草拟好的管制任命：授耿京天平军节度使、知东平府兼节制京东、河北路忠义军马；贾瑞为敦武郎阁门祗候，为正八品武官，赐金腰带一根；辛弃疾被封为右承务郎，为从八品文官；其余统制官皆授修武郎，将官皆授成忠郎。

此次，山东忠义军中加官晋爵者一共有二百余人。朝廷命令枢密院派两名使臣带着皇帝的官告和节钺随辛弃疾、贾瑞等一同面见耿京忠义军。官告即委任状，而节钺则是象征权力的符节和斧钺，这些东西都要当面授予耿京及众将士。

南宋时期，大量的北方人随着朝廷或军队南迁已成常事，其中就有原先北方遗留的军人组织和金人统治区内的农民起义军。每当南宋和金国之间发生战争，北方就会爆发规模不同的起义，这些起义军有很多在南归之前就提前归朝廷节制，继续在敌占区发挥作用。他们有效牵制了金军的兵力，分解着宋金前线南宋的压力。对于像耿京这样拥有几十万大军的起义军队伍，既不用朝廷供给粮草，还能为朝廷贡献力量，皇帝只需适当地封官许愿，显示万民归朝的威仪之力，何乐而不为呢！

对于宋高宗赵构，辛弃疾实际上并不陌生。他从小受到父亲和爷爷忠君爱国的传统思想教育，对于大宋朝廷，一直坚贞不二。那时候，爷爷虽然常年给金人做官，但从小给辛弃疾灌输的却是历史上的忠臣事迹和对金人的仇恨，使得他的成长始终沿着一个特定的方向，不然他也不会毅然决然地放弃对功名的追求，更不会冒身家性命的危险聚义山林。但是，高宗皇帝早年的妥协表现，特别是后来赐死岳飞等人，辛弃疾每每想起来都会痛惜不已。而现在，他自从灵岩寺起义，又加入耿京大军，在对金斗争中逐渐成长成熟，已具有丰富的人生阅历和战争经验，思虑最多的是早日杀敌报仇，收复中原。他十分清楚，其个人的命运和耿京忠义军的未来兴衰在很大程度上都维系在皇帝的手里。因此，他也只能作如是想：皇帝也有北伐的意愿和决心，只是朝中的求和派反复作祟才会偶尔导致抗金不利的局面。

再说，高宗皇帝在南北对抗紧张激烈之时能亲临建康，这本身不就是一种积极的姿态吗？再就是，国家有国家的运势，兵家有兵家的判断，战事有战事的条件，具体的对金北伐也要看实际的时机。总之，到目前为止，辛弃疾对高宗皇帝还是一腔热情，充满希望，对山东忠义军的未来同样比较乐观。

况且，这一年，辛弃疾才23岁。这个年龄，对一切都不会看得很重，他有年轻的资本，这个优势足以使他看轻一切，甚至生出一些略带盲目的乐观。他会想，时间还早，生命还很久远，以后的道路还很长。一切应该都来得及，一切皆有可能。

如今亲眼看到了皇帝的风仪，觉得大宋还是值得期待的。他知道了皇帝的态度，更对忠义军的将来充满信心。他得到了皇帝的任命，这种任命不在于官职的大小，只要是来自于皇帝，以后再做他种努力，成就一番事业自不在话下。

所以，和贾瑞离开建康时，辛弃疾的心情是十分愉快的。他看到了某种希望，有些事情正朝着自己所期望的那个方向推进。

朝廷的命令一刻也不能耽误，第二天，辛弃疾、贾瑞一行人就带着枢密院特使从建康出发，一路快马加鞭，准备到海州附近面见耿京，颁授皇帝的诏令。

一行人一路北上，不几日就到达海州东海县，先来到南宋军队大营，李宝出面迎接。

进得门来，辛弃疾却看到李宝神色凝重，稍事寒暄后，李宝语气低缓说出一番话来，却让辛弃疾和贾瑞听后大惊失色。

原来，就在他们奉表南下的这些天里，山东忠义军内部发生了一次天翻地覆的巨变。

大将张安国起了叛心，暗通金兵，居然在一天夜里偷袭忠义军大营，将首领耿京残忍杀害。

一夜之间失去了首领，忠义军人心惶惶，四处溃散，各奔前程，还有一部分在张安国等人的裹挟下投降了金人。

就在辛弃疾回到海州时，耿京身边的几个卫士也闻讯而来，一见到辛弃疾、贾瑞，他们禁不住放声痛哭，详细讲述当时的情形。原来，张安国早就与金人有所勾结，金人许以高官厚禄，只要他能拿着耿京的首级投降，就委以重任。于是，他便带领手下士卒一万多人和金兵一起偷袭了耿京大营。

刚刚在建康见过宋高宗的辛弃疾对未来充满期冀，心中不断酝酿着一些发展规划，本准备见到耿京后跟他好好汇报。更重要的是，以耿京为旗帜的山东忠义军归附南宋朝廷后，能够和南宋军队并肩作战，北上驱除金兵的理想就极有可能实现，而这正是辛弃疾多年来的梦想。

然而，现实不仅常常很骨感，有时还会变得很残酷，让人措手不及。

济南人耿京英勇豪侠，有远大志向，自起事以来，杀金破城，收复失地，引得众多起义军慕名而来，即使是远在河北、河南、江苏等地的起义军，都愿意归他节制，使得山东忠义军一时成为北方起义军中影响最大的一支。辛弃疾自跟随耿京以来，恪尽职守，一心一意，以他坦坦荡荡的为人和卓尔不群的军事才华得到耿大帅的高度信任，两人之间建立起深厚的情谊。

知道耿京被叛徒所害，辛弃疾悲痛愤恨无比，转念又想到平日里张安国那张略显阴鸷的模样，不禁怒火中烧，一个大胆的复仇计划在他的心里瞬间生成。

耿京遇害，山东忠义军遭受重创自不待言，北方各处原归忠义军节制的部属有的改弦更张，有的自谋出路。金军对起义军的围剿局面发生显著变化。情势十分紧迫，忠义军何去何从，其命运危在旦夕。

辛弃疾与贾瑞迅速交换了意见，决定由贾瑞回莱芜忠义军驻地收拾残局，重新汇拢旧部即日南下归宋，自己坚持要去金军大营中将张安国抓捕问罪，为耿京报仇雪恨。考虑到辛弃疾此去的危险性，李宝劝他三思后行，但他决心已定，就像一年前连夜追杀义端一样，如今的辛弃疾不活捉张安国誓不罢休。

王世隆原来也是耿京麾下的一员大将，后来投到南宋沿海制置使李宝手下。他见此情形，也义愤填膺，要求和辛弃疾一道前去抓捕叛徒。马全福是来自中原的一位豪杰，后来成为山东忠义军中的将领，跟随耿京出生入死，他也义无反顾地加入进来，与辛弃疾一道去完成这个艰难无比的热血使命。

一切安排停当，贾瑞、辛弃疾遂分头行事。辛弃疾、王世隆与马全福从忠义军中挑选出50名骁勇善战、武艺高强的骑兵，迅速进行简短的战前动员，并专门强调此行的目的和危险性。众士兵披挂上阵，立于马上，个个摩拳擦掌，人人早已将生死置之度外，都表示愿意跟着辛将军赴汤蹈火，在所不辞。

就这样，这支临时组织起来的骑兵特种部队即刻出发，直奔济州（今山东巨野县）方向而去。

据可靠情报，叛贼张安国卖主求荣，受到金人重用，被任命为济州知州，已经迫不及待地上任去了。

济州地处鲁西南平原腹地，西距海州350公里之遥。

辛弃疾带领着这支50多人的小分队马不停蹄，连续行军一天一夜，于第二天黄昏时分来到济州境内，悄悄逼近金兵大营。

因为是战时，张安国的营帐驻扎在城下，足足有五万人马，依次排开，座座营帐密相勾连，将张安国簇拥在中心位置。

刚刚就任济州知州的张安国连日来天天大摆宴席，歌妓陪伴左右，夜夜饮酒作乐。

这日，天色渐晚，灯火初上，张安国和往日一样，从天一黑就开始畅饮狂欢，一直喝得酩酊大醉方才罢休，他刚要回到营帐准备睡觉，哨兵来报，说一个叫王世隆的老朋友远道来见。迷迷糊糊的张安国此时正困意来袭，听说是已归附南宋的王世隆来了，专门要见他，很有些纳闷，还寻思这么晚了难不成有什么要紧的事情找他。摇摇晃晃的张安国随便挥了挥手，示意让客人进来。

就在这时，营帐外一阵骚动，辛弃疾提着棠溪宝剑带领一小队人马冲了进来。和张安国一起喝酒的几个金人将领被这支不知从何而来的队伍惊得目瞪口呆，还没缓过神来，就一个个被当场斩杀。辛弃疾一个箭步来到张安国面前，像老鹰捉小鸡一样，一把将他按在地上，后面的人跟上来立即将其五花大绑。

知道张安国被辛弃疾抓获，整个敌营里一片混乱。

辛弃疾提溜着张安国走出军帐，将他横着放倒在马背上，然后翻身上马，对慌作一团的张安国部属大声说道：“山东忠义军的弟兄们，你们听着！我这次是来抓张安国这个叛贼的，他忘恩负义，杀害耿京大帅，罪该万死！你们不知道真相，都被他蒙蔽了。金人是不折不扣的侵略者，他们占领我们的山河，杀戮我们的父母乡亲，是我们汉人不共戴天的仇敌！”

跟随张安国投敌的忠义军将士中，本来就有很多人是被张安国欺骗、胁迫而来，现在看到他已经被捉，又听到辛弃疾的一番话，纷纷倒戈，大帐前聚集的人越来越多。

辛弃疾继续大声对他们说：“前不久，我刚刚在建康见到高宗皇帝，大宋朝廷正在集结大军，准备进军山东，收回中原，光复北方。你们都是有良心的人，都是七尺的汉子，大家愿意的话，可以跟我走，到南方去，归顺大宋！不愿意走的，可以回家种田，千万不能像这个小人一样，效忠金国，认贼作父，后悔终生啊！”

此时，本来就身材高大的辛弃疾骑在黄骠马背上，更显得魁伟英

活捉逆贼张安国

武，他一边喊着话一边挥舞着手中那把长剑，一道道闪光划过夜空。

此时，不远处的金兵已经集结，向这里扑来，其先头部队已经攻入外围的营帐。

情势十分紧急，不容半点迟疑。辛弃疾命令马全福将军带领一队士兵到东北方向阻击金军，其他人马不要恋战，边打边退，快速向南撤离。在辛弃疾身后，跟着密密麻麻的山东忠义军旧部人马，离开济州，向南方奔腾而去。

趁着浓重的夜色，辛弃疾很快就摆脱金军的纠缠，驰出济州之境。等到天大亮的时候，他们已经到达单州鱼台县（今山东鱼台县）。部队停下来稍事休整，辛弃疾派人大致清点一下人数，发现跟着他一起南返的忠义军骑兵居然有一万多人。

南宋和金国的边界是陕西的大散关到淮河中游沿岸一带，淮河以北还都是金人统治区，驻扎着大量的金军，越是临近边界地区，驻军越多。辛弃疾带领的忠义军虽然摆脱了济州金军的追击，但要想回到南宋防区内，还有数百公里的距离。

如果人少还好说，现在是一万多人，而且全是骑兵，要想做到神不知鬼不觉从金军防区穿越而过，绝非易事。

和辛弃疾有着收复中原坚定信念不同的是，忠义军中有不少将士是为追求温饱享乐。看到有这么多人马追随，面对充满危险的去路和不确定的未来，王世隆提出来大家干脆拥立辛弃疾为首领，带着队伍到微山湖一带占山为王，先过上快活日子再说，然后慢慢等待南宋大军北伐，再归附朝廷不迟。

辛弃疾严词拒绝，并开始对他有所警惕。

辛弃疾立即召集忠义军的将领召开紧急军事会议，大家在会上统一意见，南下的大方向不能动摇。面对金兵的追击和困扰，辛弃疾审时度势，做出一系列部署。队伍南行时要注意保密，尽量不要弄出大的动静。大部队的前面派出先头部队，侧翼也安排精锐骑兵特别注意保护。防护的重点放在对付追兵上，辛弃疾命令，部队每前进15公里，便设下一小支伏兵，对后面的追兵进行阻击。如果没有遇到追兵，负责断后的部队就交替收兵赶回大部队，一旦交战，等到战斗结束，就分散撤离，自行向南方转移，渡过淮河后在盱眙会师。

为避免打草惊蛇，忠义军不走官道，尽量抄小路行进。到了晚上行军时，部队用布片将战马的蹄子包裹系住，防止行军时发出响声。同时，拿一根类似筷子的小竹棍儿让马衔着，以防群马嘶鸣。

这支忠义军逢山翻山、遇河过河，连续行军一天一夜，中间还解决掉好几股骚扰的金军，终于历尽艰险，抵达淮河北岸。

渡过淮河后，忠义军在盱眙再次集结，等到零零星星的将士归队后，这支身份特殊的大军再次出发，渡长江，过建康，从太湖旁边穿越而行，很快就隐隐约约看到了临安城墙高大巍峨的影子。

辛弃疾和王世隆带着一万多忠义军，日夜兼程，跋山涉水，押解着张安国，终于抵达临安。

展现在他面前的，是一个非同寻常的大都城和南宋朝廷新的首善之区。

在南宋发展成为一座拥有200多万人口的临安城（今杭州），这时候虽还没有达到历史的巅峰，但已经热闹异常。曾经做过吴越国都城的杭州风景秀丽，素有“鱼米之乡”“丝绸之府”和“人间天堂”美誉。北宋欧阳修在《有美堂记》中曾这样写道：“钱塘（指杭州）自五代时，不被干戈，其人民幸福富庶安乐。十余万家，环以湖山，左右映带，而闽海商贾，风帆浪泊，出入于烟涛杳霭之间，可谓盛矣！”吴越王钱镠在杭州凤凰山下筑了“子城”，内建宫殿，又在外围筑了“罗城”，周围35公里，作为防御。据《吴越备史》记载，都城西起秦望山，沿钱塘江至江干，濒西湖到宝石山，东北面到艮山门，形似腰鼓，又有“腰鼓城”之称。北宋时，杭州为两浙路路治。北宋淳化五年（994），改军号为宁海军节度。北宋大观元年（1107）升为帅府，辖钱塘、仁和、余杭、临安、于潜、昌化、富阳、新登、盐官九县。当时人口已达20余万户，为江南人口最多的州郡之一。此时，杭州的纺织、印刷、酿酒、造纸业已较为发达。

杭州历任地方官中，以白居易和苏东坡最为著名，他们对西湖的整治受到后人的称赞，白堤和苏堤就是对他们最好的纪念。北宋元祐四年（1089），苏东坡任杭州知州，还开通茅山、盐桥两河，再疏六井，民饮称便。北宋崇宁年间，杭州户数即近30万。

到了南宋，杭州城逐渐走向它的鼎盛时期。从建炎三年（1129）升为临安府，到绍兴八年（1138）定都于此，开封及周边地区的北方军民随宋室大举南迁，定居临安，使之人口激增。随着外来人口的迁入，也导致占人口优势的吴语与占政治优势的北方官话进行融合，使得杭州城的方言有别于他处，带有明显的北方语音。

此时的杭州分为内城和外城。内城，即皇城，方圆四五公里，环绕着凤凰山，北起凤山门，南达江干，西至万松岭，东抵候潮门，在皇城之内，兴建殿、堂、楼、阁，还有多处行宫及御花园。外城南跨吴山，北截武林门，右连西湖，左靠钱塘江，气势宏伟。设城门13座，城外有护城河。经过南宋十几年的经营，已经以繁华闻名于世的临安，使得辛弃疾一时感到眼花缭乱，“暖风熏得游人醉”，也就再正常不过了。

初次来到临安府的辛弃疾却轰动了这座城市。自靖康之耻宋朝南渡以来，不管是战是和，宋金之间的拉锯战常年存在，和平时期相对少一些，一旦进入战争阶段，双方之间大大小小的纷争几乎从未间断。在这些战斗中，南宋方面败多胜少，这使得南宋朝廷里普遍弥漫着一种悲观与畏战情绪，这种情绪自然也在临安城里蔓延。而今天，出现在他们面前的辛弃疾，文武双全，能够带领几十个骑兵连夜奔袭，突入到几万人的金军大营，将叛贼活捉，还从金营中脱身，并带走一万多人的忠义军，简直如同天方夜谭。而这样的人，正是南宋朝廷所渴望的人才，也是百姓心目中的英雄。加上年轻的辛弃疾身材高大，相貌堂堂，一时间，临安城里到处都传颂着辛弃疾的传奇故事，其中有些细节在转述时难免添油加醋，就更加引发了人们的好奇，很多市民和年轻男女甚至以一睹辛弃疾的真人面目为快。这种传说，自然也在朝廷里流传着，引发着许多朝臣的浓厚兴趣。

和上次辛弃疾见到皇帝时隔不到一个月，绍兴三十二年（1162）二月，辛弃疾再次受到赵构的召见。

与建康的行宫相比，临安的皇宫要气派得多，几乎和北宋开封的皇家宫殿相差无几，真有点“直把杭州作汴州”的意思。

这天上午，在高大庄严的垂拱殿中，皇帝满脸喜悦地接见辛弃疾、贾瑞等人。和前一回不同的是，皇帝这次有点兴高采烈地赞扬了他，对他率领50多人深入金兵数万人军营并擒获叛贼的行为大加肯定。

整个召见的时间不长，辛弃疾叩拜谢恩之后，就结束了。

对辛弃疾来说，和第一次相比，他的心情已经远没有那么激动。尽管高宗皇帝的两次召见时间挨得很近，但耿京之死对辛弃疾的内心和人生规划都产生了不小的影响。他原来的构想是，跟着耿京归附南宋朝廷后，可以在北方抗金一线甚至到金国的后方对敌作战，建立功勋。有了皇帝的支持，加上起义军的不断壮大，收复中原虽不能说指日可待，起码也是很值得期盼的。而现在，形势突变，自己迫不得已这么快就成了一个从北方逃到南方的归正人员。

再就是，前不久，他和耿京拱手相别时，人还好好的，但转眼之间，一下子就没了，忠义军队伍也随之树倒猢狲散。还有一点，张安国的叛变也是他万万没有想到的。看来，在民族大义与生死取舍的紧要关头，人心是很难预测和把握的。

而这一切，对于23岁血气方刚的辛弃疾而言，触动不可谓不大。虽然，在这场波诡云谲的抗金斗争中，他叱咤风云的愿望得以短时间实现，从离开家乡聚义灵岩寺至今也不过一年多光景，就经历这么多事情，自己的军事才能得到了恰到好处的发挥，但也遇到很多始料未及的现实。将来的日子，究竟会如何度过，抗金杀敌与收复中原的理想能否顺利实现，现在又都成了未知数。

前路如何，只有静静等待。

没有几天的时间，朝廷就在临安郊外处死了叛贼张安国。辛弃疾和贾瑞还专门被邀请去到现场。张安国被斩杀前已经吓得屁滚尿流，站都站不稳。那一天，辛弃疾带领原来山东忠义军的几个将领，专门选了个僻静处，向着北方遥祭耿京元帅，以叛贼之死告慰他的灵魂。

那一刻，想起在耿京身边那些戎马倥偬的日子，辛弃疾不禁流下伤怀的泪水。

第八章

宦海奔波多　成家立业忙

很快，朝廷对辛弃疾和贾瑞的任命下来了。但是，出乎所有人的预料，辛弃疾官职并没有提升，仍为承务郎，不过这次有了具体的职务，是江阴军签判，贾瑞的差事则是海州军统制官。前不久归正南宋的王友直，被任命为复州（今湖北仙桃）防御使。跟着辛弃疾南下的一万多忠义军全部交给京东招讨使李宝，分散安排进其驻扎于各处的部队中。

宋代各州、府选派京官充当判官时称签书判官厅公事，简称签判，职位略低于副使，负责掌诸案文移事务。承务郎为文散官第二十五阶，从八品下，和上次对辛弃疾的任命一模一样。两次全然不同的情况下，出现同样的任命，其间的意味让人颇费猜测。而在当时，对于北方归来的军队或起义军，南宋朝廷一贯的做法都是出于安定和安全的考虑，将他们分散安置在不同的军队中，既作为充实的力量，又不至于难以管理，也是为防止发生什么变故。当然，这种处置方法中不信任的意味还是非常明显的。

和上次相比，辛弃疾这次是立功南下，官职却没有任何变化，这对他来说无疑是一种额外的打击。尽管辛弃疾不是那种一门心思盯着官职和利益之人，但官职越低，一方面说明皇帝不重视，另一方面，自己也很难施展抱负。况且，江阴签判这个职位只是一个地方官员的副手，更不是辛弃疾所擅长。

在整个南宋期间，都不断有北方和别处逃至南宋的人，当时给这种人起了一个不算很好听的名字，叫归正人。这种所谓的归正人大致分为四类。第一类是原来就属于宋朝的军队，因为各种原因被困在北方，后来回归到南宋的，叫归正人。第二类是原来属于燕山府等路州的军人，后来归到南宋的，叫归朝人。燕山府路所辖之地在北宋之前已经陷于契丹，其居民也非宋朝臣民，但其中包括大量汉人，而宋朝统治者一直将这些区域作为自己应该恢复之地看待。第三类指原不是宋朝人而来归宋朝的汉族以外的其他各族人，叫归明人。第四类说的是在本朝界内或者在番地，但内心怀忠义而一时立功者，称之忠义人。这四类人统称之为归正人。

“归正人”这种称呼不但带有一定的轻视意味，而且在实际的政治生活中，对他们的任用也往往是只给一个闲散的官职而无实权。如打开蔡州（今河南汝南）城门迎接王师的范邦彦率全家南徙，本应当被重用，却只是被任命为湖州长兴县丞这样一个闲职。像王友直、辛弃疾等也同样如此。为免除对归正人的歧视意味，范成大就曾向朝廷呼吁过：“乞除‘归明、归正人’，以示一家。”但一切如故。

对于归正人，南宋朝廷虽然口头上一直比较看重，但在真正任用时又心存疑虑。对于金国来说，每一次和南宋签订的和议条件里都有逼迫南宋遣返归正人的条款。有时候，其他条件都谈得差不多了，恰恰就在归正人问题上，南宋有所坚持，双方争执不下，或者最后由南宋在其他方面做出妥协来换取对这一点的坚守。南宋朝廷考虑的是，如果堵住了归正的路子，一方面大量的士兵和其他方面的人才就不会从北方来到南方，更重要的是，那样就有可能会凉了所有北方汉人的心。

据统计，在整个宋金南北分治的100余年间，从北方逃亡到南方的大约有200多万人。

现在，辛弃疾和贾瑞，就成了不折不扣的归正人。而且，这种身份将会伴随他们的一生。

辛弃疾还是老样子，以不变应万变，他总是认为自己还年轻，国家只要想统一，中原只要想收复，终有一天，朝廷会需要他领兵率将、血战沙场，一切都来日方长。眼下最重要的是，既然皇帝的任命已经下来，就先按照朝廷的旨意走马上任，或许，在这个岗位上，还能干出点什么名堂呢。

告别贾瑞，辛弃疾带着辛忠和几个仆人，到江阴上任去了。

今天的江阴市地处江苏省南部，长江三角洲太湖平原北端，因位于“大江之阴”而得名，简称澄，东接张家港，南临无锡，西连常州，北对靖江，为长江咽喉，历代江防要塞，长江南北之间的重要交通枢纽。江阴历史悠久，人文荟萃，其文化属吴越，当地人多说吴语。王安石曾经旅居江阴，写道：“黄田港口水如天，万里风樯看贾船。海外珠犀常入市，人间鱼蟹不论钱。”

南宋时期在江阴设立江阴军，属两浙西路。“军”相当于“州”的级别，江阴军为独立建制。这里北距淮河200公里左右，差不多相当于金宋之间的第二道防线，两边只要战事一起，这里就有可能成为前线。

辛弃疾在江阴的官职不高，但责任却比较大。按照宋朝的官制，签判一般是作为副职，与权知军州事共同处理政事，其职责为兵民、钱谷、户口、赋役、狱讼听断之事，可否裁决，要与守臣一起通签才能施行。此外，签判还有一些其他职责，就是所部官有善否及职事修废、得刺举以闻，也就是官员的业绩评定和官职的任命与更迭。“得刺举以闻”里的“得”就是“允许”的意思，意思是指上级对下级的命令式说法。“刺”是“纠察”“检举”，“举”是“推荐”，“以闻”特指某种级别以上的官员可以向皇帝报告。这样看来，签判还兼有监察官性质，虽只是从八品的官职，却能制约三品或者四品的权知军州事。

辛弃疾第一次在政府做官，自然兢兢业业，一丝不苟。他也深知，在和平时期的南宋，如果将来想要被皇帝委以重任，能助朝廷收回失地、复兴故国，只有恪尽职守，才有可能得到相应的升迁，接近权力中心。

江阴的公事还是比较繁忙的，辛弃疾不久就找到了签判工作的特点与规律，很快就适应了这份新工作，在处理很多地方事务上获得新的历练。

绍兴三十二年（1162）六月，也就是在接见辛弃疾、贾瑞后不久，坐了36年皇位的高宗皇帝赵构，决定禅位给赵昚，自己去做太上皇。

赵昚并非高宗的亲生儿子，只是过继来的。

据说，即便是在那些被金兵追得不得已亡命天涯的日子里，高宗皇帝仍然没有忘记沉溺于女色。建炎三年（1129）二月的一天，逃至扬州的高宗皇帝正在淫乐，忽然传来金兵已到城下的消息。高宗皇帝在御营司将士和宦官陪同下，急忙披甲乘马出逃，经瓜洲渡乘小舟过江，来到镇江。高宗皇帝经这次突如其来的惊吓，生理上受到恶性刺激，失去生育能力。

宋孝宗

不巧的是，同年七月，经过一番宫廷政变的折腾后，3岁的皇太子赵旉因听到金属炉子碰撞的声音惊惧而死，高宗从此彻底没了子嗣。后来，干脆就过继了一个儿子，叫赵昚，这就是后来的宋孝宗。

赵昚刚登上皇位，改元隆兴，全然显示出一份谋划中兴的姿态，他立即给岳飞翻案，赦还岳飞被流放的家属，同时大力起用主战派，朝中气象为之一变。绍兴三十二年（1162）七月，赵昚召主战派老将张浚入朝，并逐步为曾经遭受贬谪的主战派平反昭雪，安排重用，积极备战，准备收复中原。

隆兴元年（1163），宋孝宗以张浚为都督，主持北伐。四五月间，张浚部署李显忠与邵宏渊两军13万人向北挺进。刚开始，南宋军队还打得不错，一个月内就收复了灵璧、虹县（今安徽泗县）和宿州等地，大有剑指中原之势。但很快，在金军反攻下，宋军在撤兵符离时遭金兵追截，损失惨重，退入城中。

在江阴签判任上的辛弃疾，虽然官职卑微，却始终关注宋师北伐进展，听到符离之战惨败的消息，感到痛心不已，十分感慨地说："中国之兵，不战自溃者，盖自李显忠符离之役始！百年以来，父以诏子，子以授孙，虽尽戮之，不为衰止。"

在其他战场上，宋军也一败涂地。

比如楚州十八里口之战。隆兴元年（1163）七月，宋因议和撤掉海州防卫，命魏胜主管楚州（今江苏淮安），负责守卫清河口。金军乘宋边备松懈，大举南下，十一月入淮，击败宋渡口守军和清河口援军，夺得十八里口。魏胜率诸军列阵与金人决战，战斗从天亮一直打到午后，双方胜负未决。后金援兵至，魏胜率军力战，并派人向驻守淮安的刘宝求救，刘宝的军队距魏胜仅有20公里，但他认为此时正是朝廷和金国讲和的时候，自始至终未发一兵增援。魏胜兵败东撤，金军紧追不舍，魏胜以步兵居前，骑兵殿后掩护，退至淮阴东十八里处，魏胜中箭坠马而亡。金军乃乘胜取楚州、淮阴、盱眙、濠州（今安徽凤阳东）、滁州（今安徽滁县）、庐州（今安徽合肥）、和州（今安徽和县），兵锋直至长江北岸的六合。

南宋一系列的溃败，使得赵昚对北伐彻底失望，开始在和战之间摇摆不定，朝中主和派势力一时大盛，其主力汤思退进任尚书右仆射兼枢密使，宋金和议启动，朝廷内外为之沮丧。

同年九月初，金国都元帅仆散忠贤已进据宿州，乃给宋使卢仲贤文书要索四事：一、南北通书，改称叔侄；二、割让海、泗、唐、邓四州；三、岁纳银币如旧额；四、须送还归正人及叛降者。并且要求宋朝在十一月二十日前答复。

隆兴二年（1164）四月底，主战派张浚辞去右相职，汤思退开始一系列自毁边备的举动。五月，朝廷下诏不准接纳归正人，又命令淮东安抚使刘宝评估放弃泗州利弊。

张浚

这一年的八月十九日，68岁的张浚在贬谪路上走到江西余干县时，积郁成疾，弥留之际，在给儿子的遗书中写道：“我尝相国，不能恢复中原，湔涤国耻，死后不当葬我先人墓侧，但葬我衡山下便了。”

张浚死后，朝中少了一员反对议和的主将，因此议和加速进行。赵昚的态度是：“一正名，二退师，三减岁币，四不发归附人。”皇帝在和金人谈判过程中，一直坚持不返还归正人。如果不这样的话，辛弃疾也属于此列，有可能会被遣返北方。

隆兴二年（1164）十二月，经过长逾经年的战争和外交努力，宋金双方终于再次达成和议，南宋在其他条款上做了不少让步，好歹换得金人对“须送还归正人及叛降者”这一条的放弃。和议的主要条款内容为：双方世为叔侄之国，宋帝正皇帝之称，不再向金称臣；改岁贡为岁币，宋每年给金国白银20万两、绢20万匹；宋放弃商（今陕西商洛市商州区）、秦（今甘肃天水）等六州，两国疆界一如绍兴和议为准；不遣返叛亡之人。按和约批准和最终成立的年代，后人或称其为隆兴和议，或称为乾道之盟。有意思的是，原来的君臣关系现在变成了貌似亲戚一样的“叔侄”关系。现在的人较难理解，当时的南宋朝廷觉得叔侄关系从面子上要好于君臣称呼。

事已至此，唯一值得欣慰的是，由隆兴北伐迅速转化而来的隆兴和议后，宋金双方保持了40年的和平关系。

隆兴北伐如火如荼地开始，很快就虎头蛇尾地结束，对于辛弃疾来说，似乎都毫无意义。开战时不能身处前线杀敌立功，南北和议屈辱商定时却要跟着伤心。但日子还要一天天过，自己担任的官职还要求自己尽到应有的责任。

时任江阴权知军州事是赵士鹏，为人热情而诚恳，他早就闻听过辛弃疾的事迹，对辛签判的到来真心欢迎，公务的很多事情都主动和辛弃疾商量，听取意见。性格豪爽、心直口快的辛弃疾自然也有啥说啥，辛弃疾在江阴任签判的两年期间，两个人关系相处得比较融洽。

隆兴元年（1163）年底，热心的赵士鹏还为辛弃疾介绍妻子。江阴有户赵姓人家，家主赵修之，任南安军（今江西大余县）知州，他有个孙女叫赵嬛，年方十八，长相婉约，性格文静，颇为可人。辛弃疾只身一人，从北方来到南国，刚开始宦游生涯，公务繁忙之余，回到家中，总是形单影只，年龄上也到了婚娶的时候。辛弃疾要模样有模样，要学问有学问，女方家庭非常满意。很快，双方换帖后，辛弃疾下了聘礼。赵嬛是那种典型的贤妻良母，加上南方女子的细腻贤惠，将家庭照顾得很是得体，两个人恩爱有加，举案齐眉，感情甚笃。辛弃疾漂泊的心也找到了难得的慰藉。

婚后不久，赵嬛就怀孕了，十个月后产下一子。辛弃疾大喜过望，好好宴请了宾客，给孩子取名为稹。稹是草木旺盛的意思，也同“缜”，有细致、细密的含义。然而，非常不幸的是，孩子出生后不久，赵嬛就染病在身，医治无效，去世了。辛弃疾再次经历生离死别的打击。想想自己很小的时候，父母就双双撒手人寰，现在，自己的儿子还不到一岁，他的娘就没了。每念及此，辛弃疾内心都痛苦不已。

辛弃疾深藏着自己的远大抱负，却只能在貌似和平的年代里继续过着难以为人道的宦游生活。

好在有诗为伴，好在有词可以抒发内心深处的所思所想。

据史学家邓广铭先生考证，在辛弃疾现存的600多首词中，以南渡之初写于江阴签判任上的《汉宫春·立春日》一首创作年份为最早。词曰：

春已归来，看美人头上，袅袅春幡。无端风雨，未肯收尽余寒。年时燕子，料今宵梦到西园。浑未办黄柑荐酒，更传青韭堆盘。

却笑东风从此，便熏梅染柳，更没些闲。闲时又来镜里，转变朱颜。清愁不断，问何人会解连环？生怕见，花开花落，朝来塞雁先还。

“西园”本是三国曹魏时期邺下（今河北临漳）的名园，此处当指辛弃疾在故乡济南的寓所。由春来想到故园的燕子要还巢了，而自己仍“客”居江南，反不如堂燕；南归后要成就一番事业，自当有许多事要做，但如何才能有所作为却存在许多未知数。在这种矛盾的心态下，立春这个节气给诗人所带来的，似乎并非都是蓬勃的生机和满怀的希望，其中更交织着光阴荏苒、岁月蹉跎的忧愁，流露出对故园难归和故土难复的隐忧。

《稼轩长短句》

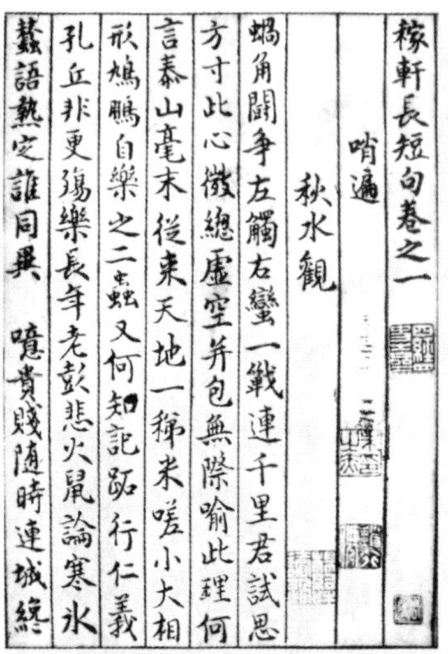
稼軒長短句卷之一
哨遍
秋水觀
蝸角鬬爭左觸右蠻一戰連千里君試思
方寸此心微總虛空并包無際喻此理何
言泰山毫末從來天地一稊米嗟小大相
形鳩鵬自樂之二蟲又何知記跖行仁義
孔丘非更殤樂長年老彭悲火鼠論寒氷
蠶語熱定誰同異 噫貴賤隨時連城纔

另一首词《满江红·暮春》写于隆兴二年（1164），是辛弃疾南归后写下的第二首词：

家住江南，又过了，清明寒食。花径里，一番风雨，一番狼藉。红粉暗随流水去，园林渐觉清阴密。算年年，落尽刺桐花，寒无力。

庭院静，空相忆，无说处，闲

愁极。怕流莺乳燕，得知消息。尺素如今何处也？彩云依旧无踪迹。漫教人，羞去上层楼，平芜碧。

此词写于隆兴北伐失败后的第二年春天，其词意很耐人寻味。可以推知，这次北伐失败对辛弃疾思想上的打击相当之大。辛弃疾在作品中所抒发的伤春、念远之情的深层含义，实质上是对隆兴北伐失利的惋惜和对国家前景的深忧，这与他当时虽处低位却仍牵念故国的心态完全吻合。

当年秋天，辛弃疾在江阴做签判的两年任职期满，改任广德军（今安徽广德）通判。

通判和签判差不多，一般由皇帝直接委派，辅佐州政，可视为知州副职，在州府长官领导下掌管粮运、家田、水利和诉讼等事项，同时也对州府长官有监察之责。在南宋，通判可以直接向皇帝奏报州郡内包括州郡官、县官在内的官员情况。有此一职，中央与州县的关系，即如心之使臂、臂之使手，指挥自如。但有一点，一般权知军州事都是官至二三品，而通判级别则多数仅为从八品，相差悬殊，两者的关系不大好处理。

广德军在现今的安徽宣城地区，在长江之南，紧邻湖州长兴，位于江阴西南200公里处。

辛弃疾这一去，在安徽广德通判任上一干就又是两年。

这两年，辛弃疾一心扑在公务上，却忽略了与同事搞好关系。广德权知军州事黄雎是一个官场老手，善于看风使舵，拉帮结派。时间一长，两人的关系就出现了问题。

年轻的辛弃疾心高气傲，快言快语，爱憎分明，从一开始就看不上黄雎这种人，到后来，两个人的关系越来越糟，甚至发展到你死我活的地步。但是，在官场历练尚浅的辛弃疾最终没能胜过这个老奸巨猾的官场老手，黄雎恶人先告状，向吏部参劾辛弃疾，说他和郡守不和，无法胜任工作。辛弃疾一气之下，也只得向吏部反映黄雎结交地方豪强，盘剥百姓，从中取利。

南宋乾道二年（1166）的冬天格外寒冷，但对于辛弃疾而言，还要多加一层。年底，朝廷一纸令下，以性格暴躁、顶撞上司为由免去他的通判之职，只保留了承务郎的官阶。

命运面貌的呈现，再次远远出乎辛弃疾的预料。

官场上的对头下手如此之快，如此之狠，朝廷的罢免来得如此突然，的确超出辛弃疾的想象。他本还想据理力争，向朝廷做进一步的申诉。朋友们都劝他，还是顺势而为较为妥帖。等事情过去一段时间，辛弃疾详细思量，觉得和这种官场渣滓过度计较，也有损自身的形象和心情，还是从长计议为上。

乾道三年（1167）初，新的任命迟迟未到，那就干脆先放飞一下自我。于是，辛弃疾离开广德，回到位于杭州的家中，开始了一段相对悠闲的家居与游历时光。大约有半年多的时间，他主要用来访亲问友、观览山河。

这些日子里，既有无官职的失落和茫然，却也获得了无官一身轻的自在与从容，除了读书、写诗和四处游走外，辛弃疾一定程度上汲取前几年独来独往的经验教训，注意适度而审慎地和朝廷里志向相投的人结交、走动。

步入仕途后的辛弃疾交了不少志同道合的朋友

那段时间内，和辛弃疾交往较多的朋友中，除了贾瑞、王友直等归正人和一些文友，大都是政界赫赫有名的人物。因为和他们的交往，辛弃疾得以近距离知晓朝廷内部的一些信息，感受到皇帝的心态变化；能够和朋友们较为充分地交流观点，在一些方面产生共鸣，同时奠定下深厚的友谊。后来的事实证明，这些朋友要么深刻地影响了他人生的走向，要么对他的仕途起到程度不同的助力作用。

当年春天，辛弃疾来到湖州长兴，拜访在这里做县丞的范邦彦。除性情相投外，还有一个很重要的原因，就是范邦彦也是北方归正人。在这一点上，两人可谓同病相怜。早在辛弃疾千里奇袭敌营活捉张安国初到临安时，范邦彦就知晓了他的大名，对他分外佩服、欣赏，并认为他这样的人正是南宋短缺的栋梁之材。现在，看到辛弃疾来拜访，恭敬有加，感觉十分亲切。两人一经交谈，颇多共鸣，真有相见恨晚之感。而且，经过初步交往，范邦彦已经深知辛弃疾不仅相貌出众，胸怀大志，还满腹经纶，拥有不凡文采，对他就愈加喜欢了。

在范邦彦的一再挽留下，辛弃疾带着家人居然在长兴一待就是一个月左右的时间。

之后，正赶上范邦彦回乡省亲，他又热情邀约辛弃疾到他京口（今江苏镇江）的家中小住。辛弃疾见他情真意切，便欣然前往。

京口离湖州长兴有150多公里远，两位年龄相差整整20岁的忘年交一路上并马齐鞍，迤逦而行，倾心长谈，关于时事，关于人生，关于文学，仿佛有着说不完的话题。但此时，辛弃疾还不知道，在范邦彦的内心，除友情之外，还产生了另外一种喜欢之情。

辛弃疾在范家逗留的几日内，和范邦彦的女儿范采苹见过几次面，彼此印象很好。范采苹和辛弃疾同岁，这一年都是28岁。范采苹也算是大家闺秀，生得容颜过人，明眸皓齿，且知书达理，富有学养，气质与众不同，只是眼光很高，没有遇到过满意的郎君，才一直待字闺中。她从小熟读诗书，两人一经交谈，就感觉有不少共同语言。而辛弃疾从第一次与范采苹相见就有些动心，随着了解的加深，就更被她所吸引，只是一时不好意思说明。

范邦彦把这一切都看在眼里，过了一段时日，在征求女儿的意见后，有一天，就主动向辛弃疾提出，要将家中小女采苹许配给他。

辛弃疾丧偶已有一段时日，孤灯独枕的日子的确很有些落寞，况且辛稹还小，需要有个好母亲来照顾。当然，这些都还不是最重要的。

对于辛弃疾而言，能遇到一位学养丰富的美貌女子，心心相通，琴瑟和鸣，是自己多少年来的心愿。虽说和第一任妻子赵嬛也恩爱有加，可在精神上的沟通总难免有些微的缺憾。而范采苹的出现，就像是禾苗恰逢雨露，仿佛上苍专门的恩赐一般。

没过多长时间，辛弃疾就和范采苹完婚，两个人卿卿我我，相亲相爱，传为佳话。

辛弃疾和岳父大人本来就是知己朋友，现在更是亲上加亲。很快，他就和范采苹的哥哥范如山也成了无话不谈的好友。

范如山颇有文采，善于交往，经常和一帮文朋诗友饮宴酬唱，有时候也会叫上辛弃疾。那段时间，辛弃疾没少出席这样的场合，他的诗词才华在范如山的朋友圈里逐渐传开。

有一次，范如山请几位朋友在自己家的花园里喝酒，高兴之余，大家饮酒作诗，轮到辛弃疾时，他指着园中的文官花，脱口成篇：

倚栏看碧成朱，等闲褪了香袍粉。上林高选，匆匆又换，紫云衣润。几许春风，朝薰暮染，为花忙损。笑旧家桃李，东涂西抹，有多少，凄凉恨。

拟倩流莺说与：记荣华，易消难整。人间得意，千红百紫，转头春尽。白发怜君，儒冠曾误，平生官冷。算风流未减，年年醉里，把花枝问。

——《水龙吟·载学士院有之》

文官花是一种颜色屡变的花，又名弄色芙蓉，也叫锦带花。

辛弃疾从一朵花的绽放、美丽与凋落联想到时间的无情，又生发出对人生的感慨，还根据自己的亲身经历，写出官场的冷酷无情。最后，像是自问自答，如果风流的本性没有随岁月更迭而减弱减少，那也就只能在一年年的酒醉中，去花枝间询问答案吧。

随着心境的逐渐开阔，加上家庭生活的丰富有序，辛弃疾开始学会用另一种眼光看待世界，久违的诗情画意在他的心中重新焕发出另一种激情。

乾道三年（1167）秋天，离辛弃疾被免去广德通判半年多，朝廷新的委派才姗姗来迟，他被任命为建康（今南京）通判。

众人都来向他表示祝贺，而他自己却觉得这个任命和自己的期望相差甚远。然而，内心失落后，他调整心态，与杭州的朋友拱手告别，便带着家眷赴任去了。

建康，那是5年前高宗皇帝第一次召见他的地方，现在，他又来了。

和江阴、广德相比，建康作为南宋的留都，也曾作为京城备选，地处长江南岸，是南宋国家重镇。朋友们都对他表示祝贺，辛弃疾却仍然淡然处之。

时隔多年，辛弃疾重返建康，出现在他面前的城市比他上次所见大有改观，百姓生活渐入正轨，古时繁华之貌有所恢复。

《乾道建康志》序中曾这样描写建康：坐镇江淮，为国陪都，行宫万钥，禁旅千营。斗星呈祥，金陵表庆，户纳千呈，囊括六代。观埋金凿淮之旧迹，则知王气之长存；寻乌衣青溪之故里，则知衣冠之素盛。访结绮望仙之遗址，然后知淫奢之可戚；验石头白下之高垒，然后知备御之有方。以至怆新亭风景，则见王导有克服之心，登治城回望，则知谢安有遐想高世之志。

这是一座历史之城，一座名人之城，也是一座充满诗情画意的城市。

经过南宋官场的初步历练，聪慧过人的辛弃疾在看待问题、处理事情以及人情世故等方面，都有不同程度的进步。可以说，建康通判期间，辛弃疾开始认真结交官场和朝中那些志同道合的仁人志士、学者大儒，由此所积累的经验和人脉，对他今后的宦海生涯有不小的帮助。

这段时间里，和辛弃疾过从甚密的还有其他一些官员，如赵彦端、韩元吉等，这些人物要么在当时的政界赫赫有名，要么在文坛声名远播，交往于他们之间，辛弃疾居然恍惚有如鱼得水之感。

建康知府史正志便是其中较为突出的一位。

辛弃疾到任时，史正志还同时兼江东安抚使、沿江水军制置使、行宫留守等数职。

乾道四年（1168）春，史正志在建康府设立船场，增造战船，制造出一艘重达100吨的战船，由12个叶片组成的桨轮驱动。他还在秦淮河畔夫子庙附近修建了建康贡院，后来发展成著名的江南贡院。次年，他重修了建康府城墙，增强城市防守能力。此外，还编成南京历史上第一部方志《乾道建康志》。

史正志的德政受到朝野人士的高度认可，辛弃疾自然对之非常钦佩，尊敬有加。两人志趣相投，交往颇多，经常探讨恢复中原的大计。一次，史正志宴请同僚，辛弃疾在宴席上赋词一首，来记录他们的友情：

> 鹏翼垂空，笑人世，苍然无物。还又向，九重深处，玉阶山立。袖里珍奇光五色，他年要补天西北。且归来，谈笑护长江，波澄碧。
>
> 佳丽地，文章伯。金缕唱，红牙拍。看尊前飞下，日边消息。料想宝香黄阁梦，依然画舫青溪笛。待如今，端的约钟山，长相识。
>
> ——《满江红·建康史帅致道席上赋》

该词写得磅礴大气，将忧国之情表现得纵横捭阖，最后又落实到朋友之间的相约相见与对友谊的长远期待。这友谊里面，一定还暗含着共同复国的理想愿望。

在另一首《念奴娇·登建康赏心亭，呈史致道留守》中，辛弃疾这样写道：

我来吊古，上危楼，赢得闲愁千斛。虎踞龙蟠何处是，只有兴亡满目。柳外斜阳，水边归鸟，陇上吹乔木。片帆西去，一声谁喷霜竹。

却忆安石风流，东山岁晚，泪落哀筝曲。儿辈功名都付与，长日惟消棋局。宝镜难寻，碧云将暮，谁劝杯中绿。江头风怒，朝来波浪翻屋。

辛弃疾塑像

在古代，舞文弄墨是文人和官员的普遍爱好，辛弃疾自然也不例外。他从小聪颖好学，家乡济南是历史深远、文化深厚之地，辛弃疾自小便受到这个城市优秀文学传统的影响。

光是在北宋，唐宋八大家里就有曾巩、苏辙两个人来济南做过官，留下了大量诗作。因为弟弟在济南工作，苏东坡还两次来到济南，并留有诗作和墨迹。苏东坡作为一代文豪，他的词横空出世，奠定了宋词与唐诗双星并耀的地位，其作品的豪放风格和宏大主题都对辛弃疾产生了重要影响。

中国诗歌历史源远流长，其形式和内容也在不断变化，从最初《诗经》里的四言，到汉乐府的五言诗，再到唐朝的七律和七绝，都曾经产生过脍炙人口的艺术精品。到了宋代，萌生于唐朝长短句的词这种艺术形式开始得到长足发展，可直到苏东坡的出现，才将宋词从风花雪月带到恢宏广阔的境界。

苏东坡去世时，李清照17岁，刚刚在北宋诗坛崭露头角，后来成长为当之无愧的中华第一女词人。尽管风格截然不同，但同为济南人，李清照诗词对辛弃疾的影响也自不待言。

再加上辛家良好的家风濡染，历史上屈原以降灿若群星的爱国诗人的精神风貌和艺术风格，应该都对他产生过潜移默化的滋养。

辛弃疾天资聪慧，学习勤奋，从小到大，其诗词歌赋与书法都超出常人。只是年轻时一直从事抗金斗争，即使后来初入官场，依旧沉浸于收复北方山河宏愿，没有太多的闲暇专注于诗词写作。

然而，置身南宋官场一段时间之后，他才发现，收复大宋江山与重回北方，原来是一场十分遥远的梦。尽管国家并不完整，但皇帝一旦登上宝座，很容易沉醉于权力的迷幻和享乐的泥潭，这样的皇帝身边，自然而然就会聚集起一批擅长阿谀奉承、投机取巧的小人。加上社会集权制的特点和惯性，言路趋于闭塞，民心渐渐离散，先朝遭受的屈辱，北方子民的命运，祖国的统一大业，就逐渐被抛到九霄云外去了。

辛弃疾做建康通判后，官场上一旦拥有相知相交的友人做支撑，志趣相投的情谊化作官场的扶持和提携，自然少了那些钩心斗角的麻烦。生活中有了恩爱的妻子范采苹，儿子辛稹也在渐渐长大，家庭温暖油然而生。自己从官衙忙活一天归来，享受着爱妻悉心照料，儿子承欢膝下。辛弃疾吟诗写字，爱妻在一旁铺纸研墨，红袖添香，每有新词诞生，夫妻俩还能够欣赏评点。这么多年来，辛弃疾差不多是第一次如此切近与完整地感受到子女绕膝、夫唱妇随的天伦之乐。

这样的心情，这样的环境，这样的状态，使得辛弃疾有更多的精力转向诗词歌赋，似乎有一个在他心中沉寂多年的词圣，正在慢慢醒来，呼之欲出。

唐朝诗人杜甫曾经在大明湖历下亭接受书法家李邕的宴请，写下过“海右此亭古，济南名士多”的诗句，这两句诗后来成为济南城的名片。在这众多的济南名人当中，现在又要走来一位才华横溢、风格独特的大诗人，他就是辛弃疾。

第九章

吴天楚地阔　大鹏任翱翔

乾道六年（1170）十二月，辛弃疾又作词《千秋岁·金陵寿史帅致道。时有版筑役》，为即将离任的史正志祝寿，其词云：

塞垣秋草，又报平安好。尊俎上，英雄表。金汤生气象，玉珠霏谈笑。春近也，梅花得似人难老。

莫昔金尊倒，凤诏看看到。留不住，江东小。从容帷幄去，整顿乾坤了。千百岁，从今尽是中书考。

该词字里行间在赞颂好友的功绩同时，也没忘表达一下彼此“整顿乾坤”的共同愿望。

辛弃疾不是善于逢迎之人，如果不是好朋友，如果不是真能感动他，一般情况下他绝不会一再地为之作诗。

辛弃疾在建康与史正志交往而结下的深厚友谊，在词坛一直传为佳话。辛弃疾为史正志所作的这几首词，也一直为后人所传诵。

和之前宋词的题材相比，辛弃疾的词和苏词一样，不再像以往那样沉溺于花花草草、离情别绪的描摹与叙写，开始将笔触深入到抒发家国情怀的领域，初步表现出其雄浑旷达的豪放派风格。

和棠溪剑相比，诗词正在成为他的另一个武器。

按辛弃疾自己的理念，他本应该成为像岳飞那样叱咤风云的一代名将。而现在，各种因缘际会，他却从战场转向了诗词疆土，从抗金前线返回到自己丰富的精神世界，很难说是悲是喜，是得是失。

在这一期间，辛弃疾还干了一件大事。他利用闲暇，前后花了大半年时间，反复构思、写作，几易其稿，将自己对国家局势和抗金策略的观点，写成了长达万言的《御戎十论》。

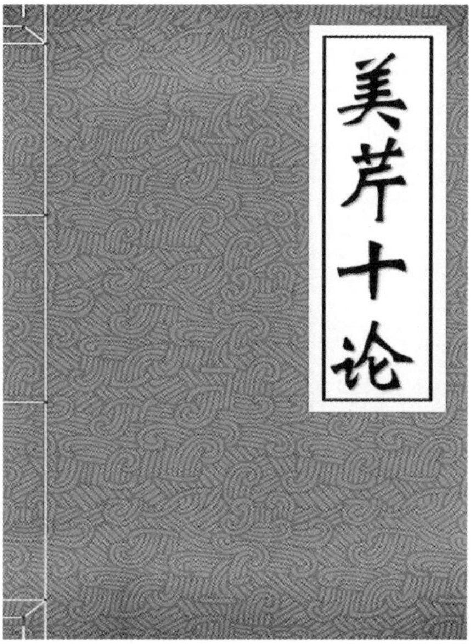

《美芹十论》

到建康上任后不久，他就通过朝廷里的重要人物，上书给了孝宗皇帝。

可以说，《御戎十论》集中体现了辛弃疾的政治与军事思想，条理清晰，概括全面，思想深刻，文字简洁有力，它和后来写作的《九议》等共同组成辛弃疾的政治、军事思想体系。

《御戎十论》又叫《美芹十论》。“美芹”典出《列子·杨朱》：过去有人以水芹、蒿子和胡豆作为甜美的食物，并对本乡富豪称赞它们，结果这些人拿来尝了尝，就像被毒虫叮了嘴巴一样，肚子也开始疼痛，大家都讥笑和埋怨那个人，那人也大为惭愧。

在这里，辛弃疾是以“献芹”之意自谦。

这篇奏论从审势、察情、观衅、自治、守淮、屯田、致勇、防微、久任、详战十个方面陈述任人用兵之道，从中可以看出辛弃疾的远见卓识和军事谋略。

在论文之前，辛弃疾加了一篇总叙，作为向皇帝进书的札子。他在札子中先做了一番自我介绍，然后就尖锐地指出：自从对金作战以来，大宋一直陷于被动，从来没有想到过争取主动，这是战争失败的主要原因，而投降派自毁长城的行为对民心士气的打击尤为严重，所以张浚的主动北伐，是值得称道的。

时间已经过去了800多年，即便是放到现在来看，辛弃疾的真知灼见和大胆论证也让人热血沸腾，其许多观点都令人耳目一新。

然而，出乎辛弃疾的意料，《美芹十论》上书给皇帝之后，仿佛石沉大海，没有听到孝宗皇帝的一点答复。

应该说，对于这种结果，他也早有预料，所以就没有特别沮丧。他相信自己的判断，更相信自己的忠诚，对凝结着他大量心血的《美芹十论》充满信心。即使自己的主张眼下没有受到朝廷和人们的重视，不久的将来，总会有一天，他的思想会被皇帝接受，他的策略会被人们运用，抗金复国的愿望一定会达成。

只是这一切，还有待于时间。

辛弃疾还很年轻，他还有大把的岁月可以用来等待，他还有足够的耐心。

从另一个角度，或许可以这样说，对于一个从根部就已经孱弱、腐朽的朝代而言，时间并不是乐观的借口。而对此，辛弃疾可能认识得还不够深刻。或许，对于身处历史之中的人物而言，他宁愿相信一切都会朝着自己所希望的方向慢慢转变。

南宋乾道六年（1170）二月初，辛弃疾因为左相虞允文和时任枢密都承旨叶衡的推荐，在都城临安（今浙江杭州）受孝宗皇帝的接见。

这一年，辛弃疾刚刚31岁。

这是辛弃疾第三次受到南宋皇帝的召见，前两次都是宋高宗，而这一次换成了继位已经8年的宋孝宗。

上次被召见是在垂拱殿，这次改在延和殿。

孝宗皇帝也许听说过辛弃疾深入金营活捉张安国的传奇，或许也看到过他一年前呈送的《美芹十论》，对他的北伐策略和构想予以肯定，对他显示出的军事斗争才华有所欣赏。

在见面中，皇帝委婉地告诉辛弃疾，当下最重要的事情还是搞好南宋的国计民生，要以社稷为重，对金国的态度要审时度势，先壮大自己，再寻机北伐，收复中原要从长计议，徐徐图之。

对于一个基层官员而言，受到皇帝召见是一件幸运和难得的事情，而召见本身也从一定程度上说明，被召见之人在某方面的才能或事迹已引起皇帝的兴趣。从皇帝简短的言谈中，辛弃疾意识到，经过符离之败后，孝宗皇帝对北伐的信心已大打折扣。但他还是想方设法顺着皇帝的思路，旁敲侧击地将自己《美芹十论》中的一些主要观点进行简洁陈述，那毕竟是自己长时间深入思考的成果，其中蕴含着自己的终身理想。

和高宗皇帝相比，孝宗算是比较有抱负的，他即位之初便为岳飞平反，大力起用主战派，并迅速开始北伐。只是因为战争准备不足，才导致出师不利，惨遭败绩。客观地说，孝宗皇帝在内政上进一步加强集权，积极整顿吏治，淘汰无所作为的冗官，惩治贪污腐败，重视农业生产，力促百姓生活安康，取得了一定的正面效果，因此，他在位期间被后世誉为“乾淳之治”。乾是指乾道，淳是说淳熙，指宋孝宗的两个年号。

和孝宗皇帝见面后不久，辛弃疾就获得新的任命，官阶由原来的承务郎转宣教郎，调任司农寺主簿。

南宋时的司农寺一般设有：卿一人，从三品；少卿二人，从四品上；丞六人，从六品上，总判寺事；另外，还设有主簿一人，从正七品，由京官充任。这是一个掌管全国各地仓库和官吏俸禄等事务的机构。和过去相比，辛弃疾在官阶上升了一级，但在南宋庞大的官僚体系里，这还只是一个垫底的角色。唯一的差别是，在京城做官，无论是和朝中一些重要人物的交往，还是给皇帝进言，机会总是要多一些。

辛弃疾像以往一样，上任后很快就熟稔业务，掌管司农寺印章、簿书和内部审计事宜，依然认真负责。在京城工作的两年时间内，因为公务不是特别繁忙，辛弃疾的日子过得还算是比较清闲、有序。

平静而安详的日子里，常常会有诗意来袭。

皇宫西边不远就是西湖，闲暇时，辛弃疾经常到湖边散步。清风徐来，阵阵荷香悄悄弥漫。放眼断桥，一行行绿柳迎风摆动。水里鱼儿畅游嬉戏，空中鸟儿鸣叫飞翔。远眺望湖楼，天高云低，人进人出，乍一看还真是一派安宁、祥和景象。

回到家中，辛弃疾挥笔写下《念奴娇·西湖和人韵》：

晚风吹雨，战新荷，声乱明珠苍璧。谁把香奁收宝镜，云锦红涵湖碧。飞鸟翻空，游鱼吹浪，惯趁笙歌席。坐中豪气，看公一饮千石。

遥想处士风流，鹤随人去，老作飞仙伯。茅舍疏篱今在否，松竹已非畴昔。欲说当年，望湖楼下，水与云宽窄。醉中休问，断肠桃叶消息。

辛弃疾在临安做官的这两年，认识了一个叫吕祖谦的人。吕祖谦于乾道六年（1170）升任太学博士，兼国史院编修官、实录院检讨官，

吕祖谦

和辛弃疾是邻居，住在御街旁的同一条巷子里，两个人心性相近，意趣相投。吕祖谦一生遭遇诸多不幸，但在学业上却独树一帜，成为南宋一位重要学者和思想家。后人评价说："宋乾、淳以后，学派分而为三：朱学也，吕学也，陆学也。三家同时，皆不甚合。朱学以格物致知，陆学以明心，吕学则兼取其长，而复以中原文献之统润色之。"朱指朱熹，陆指陆九渊，而吕说的就是吕祖谦。

也正是通过吕祖谦，辛弃疾在临安得以结识一批志同道合的同僚，张栻、周必大、赵汝愚等，个个都非等闲之辈。还有一个重要人物，就是时任宰相的主战派领袖人物虞允文。虞允文因采石之战成名，在那个时间段一直是南宋朝廷的支柱，他和史正志、叶衡等人都关系密切。虞允文早就闻听过辛弃疾的大名和传奇经历，对他很是赏识，之前还专门向孝宗皇帝大力举荐过。

乾道六年（1170）秋天，范采苹产下一子，辛弃疾给他起名叫辛秬。秬指的是黑色的黍子，古人用来酿酒。这一年，大儿子辛稹已经7岁。

在辛弃疾整个一生中，这一段时光是比较顺遂的，官职得到提升，交友上了层次，夫妻恩爱，家庭和睦，进朝有同事相助，回家有子女绕膝。

乾道七年（1171）三月，意气风发的辛弃疾向孝宗皇帝又连上两书，分别是《论阻江为险须藉两淮疏》《议练民兵守淮疏》，再次阐明自己对金作战的防务构想和民兵守防的理念。

奏疏呈上去不久，很快就得到皇帝的御批，奏疏中提到的一些建议得到朝廷的采纳。

两年的京官时间转眼过去，乾道八年（1172），辛弃疾被任命为滁州（今安徽滁州）知州。

滁州之名始于隋朝，因滁河（古称涂水）贯通境内，又因“涂”通“滁”，故名“滁州”。滁州吴风楚韵，气贯淮扬，为六朝京畿之地，自古有“金陵锁钥、江淮保障”之称，西北距现在的南京只有70多公里。

南宋时期，因滁州位于长江以北，再往北就是淮河，一旦宋金交兵有战事，滁州就会成为前线。在几次金兵南侵时，这里曾数度沦陷。此地除遭战火外还常有水旱灾荒，百姓流离失所，土地荒芜。因此，做官的人一般都不大愿意到这里去。

辛弃疾不管这些。或者说，别人都不愿意去的地方，也许正是他能够大展宏图之地。

此前他到外地做官，大都是任职通判，官职较低，做的只是协助性的工作，还要和上级处理好关系。而这次他是作为地方最高行政长官来到这里，自己的想法，自己的抱负，自己的行政治理方略，都可以在所管辖范围内得以实施，为一方百姓带来福祉。

辛弃疾一到滁州就马不停蹄深入民间，了解民情。他很快知悉，来这里的历任知州为突出政绩，都不断加大当地百姓的税赋，搞得民生凋敝。再就是滁州地处偏僻，对商贾缺乏足够的吸引力，商业十分落后。

辛弃疾不敢怠慢，快速行动起来，他根据滁州实际情况，向朝廷提出减免当地百姓和商人的负担，并对贫困人口予以赈济。户部和两淮西路很快给了回信，准予全部免除当地人历年积欠的税赋，同时拨付两千五百贯分发给百姓，凡来此投资的商业人士都给予政策上的大力支持。告示一经贴出，当地百姓欢呼雀跃，奔走相告。与此同时，辛弃疾还出台一系列政策，号召流亡百姓回家，给予田地和钱粮，并为之修建房屋，百姓一时来归，农业、商业短时间内就恢复了生机，辛弃疾的美名被当地百姓争相传颂。

为了招徕外地商旅，辛弃疾利用朝廷拨付的款项修建了农贸市场和馆舍，并命名为“繁雄馆”。他还在该馆后面的丰山脚下筑起一座两层的高楼，拔地而起，巍峨壮观，称之“奠枕楼”。

北宋期间，欧阳修就在滁州做过官，他除了留下美誉外，还留下一座著名的醉翁亭，加上辛弃疾留下的奠枕楼，这一亭一楼是他们“与民同乐”“为民解忧”的最好见证。

欧阳修

滁州当地名流李清宇创作一阕《声声慢》以纪念奠枕楼的修建，辛弃疾也和了一首《声声慢·滁州旅次登奠枕楼作，和李清宇韵》：

征埃成阵，行客相逢，都道幻出层楼。指点檐牙高处，浪涌云浮。今年太平万里，罢长淮，千骑临秋。凭栏望，有东南佳气，西北神州。

千古怀嵩人去，还笑我，身在楚尾吴头。看取弓刀陌上，车马如流。从今赏心乐事，剩安排，酒令诗筹。华胥梦，愿年年，人似旧游。

在滁州做知州两年，时间虽然不长，却是辛弃疾第一次作为地方最高领导任职，他一心爱民的情怀得到体现，对地方贫穷的治理以及振兴商业、农业的能力得到切实的验证，他的名声在百姓口中得以传播，才能也得到朝廷的初步认可。

在当时，像辛弃疾这样既有从政才能又有诗名的官员委实不多。

在滁州期间，辛弃疾和同僚的关系也相处得很好。他有一个副职叫范昂，任滁州通判，要调动工作到外地，辛弃疾亲自摆下酒宴为他送行，还写诗相赠：

老来情味减，对别酒，怯流年。况屈指中秋，十分好月，不照人圆。无情水都不管，共西风，只管送归船。秋晚莼鲈江上，夜深儿女灯前。

征衫便好去朝天，玉殿正思贤。想夜半承明，留教视草，却遣筹边。长安故人问我，道愁肠殢酒只依然。目断秋霄落雁，醉来时响空弦。

——《木兰花慢·滁州送范倅》（注：“倅”即副职）

送别之余，诗人竟也开始叹老嗟卑，而这时候辛弃疾才刚过而立之年。可见他这些年来，不管表面生活得怎么样，内心总是愁肠依旧，抱负难施。

美好的日子总是短暂，困顿的事情似乎才是生活常态。

因为采石大战中大败金兵有功，乾道元年（1165），虞允文被召回临安，拜参知政事兼知枢密院事，后因事被谏官攻击，于是遭贬出任宫观使。乾道三年（1167）二月，虞允文再次入朝，授知枢密院事兼参知政事，中间还兼任四川宣抚使。乾道八年（1172）初，宋孝宗改“左、右仆射”为“左、右丞相”，虞允文被授为左丞相兼枢密使、特进。他在相位时，大力提拔贤良之士，如杨万里、胡铨、周必大、赵汝愚等，包括辛弃疾。他平时只要见闻谁的言行可取，便将其记下，最后将人才分为三等，辑成《翘材馆录》一书，以收用贤才。淳熙元年（1174）六月，虞允文积劳成疾，在四川去世，享年65岁。孝宗闻讣讯，为之辍朝，追赠少师。皇帝本来就常在战与和之间徘徊，现在，失去主战派的实力人物之后，就更没有和金朝作战的心思，从此以后干脆也就不提了。

在南宋朝廷里，主战和主和两派的斗争从来就没有停止过。可能和南宋皇帝们的潜意识有关，相比之下，主战派占据主导地位的时间总是相对较短。

虞允文逝世后，辛弃疾感觉到朝廷对于收复中原再次失去信心，也难免十分失望。

不久，辛弃疾就生了一场大病，只得辞掉滁州知州回到京口（镇江），休养一段时间后，才渐渐康复。

就在这时候，时任建康留守兼江南东路安抚使的叶衡，邀请辛弃疾到他的幕府中担任参议官。于是，辛弃疾再次来到建康，只不过这次时间很短。但是，可能连辛弃疾自己都没有想到，他这次的建康之行却留下了一首千古名作。

南京西水关城上，有一座北宋丁谓建的赏心亭，下临秦淮河，为“金陵第一胜概”，战火中曾数毁数建，不少文人墨客登临吟咏过它。

元丰年间，苏东坡自黄州移汝州过金陵时，作有《渔家傲·金陵赏心亭送王胜之龙图。王守金陵，视事一日移南郡》：

千古龙蟠并虎踞，从公一吊兴亡处。渺渺斜风吹细雨。芳草渡，江南父老留公住。

公驾飞车凌彩雾，红鸾骖乘青鸾驭。却讶此洲名白鹭。非吾侣，翩然欲下还飞去。

绍兴二十二年（1152），范成大由家乡苏州赴金陵参加漕试时，曾作有《赏心亭再题》：

范成大

天险东南重，兵雄百二尊。

拂云千雉绕，截水万崖奔。

赤日吴波动，苍烟楚树昏。

向无形胜地，何以控乾坤？

隆兴元年（1163），诗人张孝祥担任建康留守离开后，亦作有《水调歌头·桂林中秋》，怀念赏心亭：

今夕复何夕？此地过中秋。赏心亭上唤客，追忆去年游。千里江山如画，万井笙歌不夜，扶路看遨头。玉界拥银阙，珠箔卷琼钩。

驭风去，忽吹到，岭边州。去年明月依旧，还照我登楼。楼下水明沙静，楼外参横斗转，搔首思悠悠。老子兴不浅，聊复此淹留。

现在，跟随着这些诗人的足迹，辛弃疾也来了。

淳熙元年（1174）春的一天，辛弃疾在叶衡的陪同下，登上建康赏心亭。眺望脚下的祖国大好河山，想到迟迟不见进展的北伐事业，他的心中顿生无限感慨，只觉得一股热流在胸腔内翻涌、滚动，不可遏制。

他激动异常，回到家里，赶紧展纸研墨，一挥而就，写下这首境界阔大、气势雄浑的豪放名作《水龙吟·登建康赏心亭》：

楚天千里清秋，水随天去秋无际。遥岑远目，献愁供恨，玉簪螺髻。落日楼头，断鸿声里，江南游子。把吴钩看了，阑干拍遍，无人会，登临意。

休说鲈鱼堪脍，尽西风，季鹰归未？求田问舍，怕应羞见，刘郎才气。可惜流年，忧愁风雨，树犹如此！

叶衡

倩何人唤取，红巾翠袖，揾英雄泪！

好一个“把吴钩看了，阑干拍遍，无人会，登临意”，将一个胸怀大志却痛感知音难觅的孤独灵魂赫然呈现。此词像极了唐代诗人陈子昂的《登幽州台歌》：前不见古人，后不见来者。念天地之悠悠，独怆然而涕下！

在这之前，如果说辛弃疾的词在南宋的文人墨客中，在皇廷大儒间，甚至在勾栏瓦舍里，已经小有名气的话，到此词一出，他的大名就真正雄冠南国了。

从此以后，辛弃疾的诗词，一旦有新的佳作诞生，马上就会传遍大江南北，甚至都传到了遥远的北方金国统治区。在他的家乡济南，喜欢他诗词的人也日渐增多，家乡人喜欢他诗词的信息，有时候也会传到南国。辛弃疾既为之感到欣慰，同时也加重了对家乡的思念之情。故乡一别遥遥千里之外，不知何时才能回返那里，和乡亲们欢聚一堂。

那些年里，无论身居何位，走到哪里，不管狂放高歌，还是踽踽独行，有一件事他始终没有忘记，有一个夙愿一直在他心里沉积与发酵，那就是赶走入侵的金军，统一祖国的河山，回到他热爱的北方。然而，他一次次凭栏远眺，拍遍了无数栏杆，面向北方，无限的豪情只能化为声声催人泪下的长叹。

淳熙元年（1174）六月初，在叶衡的推荐下，辛弃疾回到临安，时隔两年以后，又一次在延和殿受到孝宗皇帝的召见。

5天以后，辛弃疾被任命为仓部郎中。仓部为户部下属的直属部门，仓部郎中是仓部司的主官，为正五品。仓部负责国家粮食的储备、管理和供应工作，所有粮食的支出命令均由仓部负责审核、签发，各个仓库凭仓部签发的凭证发放粮食。这个官职虽然并不很起眼，但在十分倚重农业的南宋，这个职位直接关系到国计民生。人们常说“兵马未动，粮草先行”，如果一旦战事再起，仓部郎中的地位就更不容小觑。实际上，在和平时期，做好粮食方面的储备，也是发动战争前一项必要的准备工作。

尽管朝廷在北伐问题上多显示出软弱的一面，但在国人的思想中，驱除金人恢复故国的愿望就像地火一样，一直在集聚，在运行，永远不会熄灭。虞允文走了，又来了一个主战派叶衡，辛弃疾心中对未来又燃起希望之光。

文友之间不免会有诗歌唱酬，借此来抒发一些平日里的难言之绪和隐秘念头，包括类似于“人生长恨水长东”的感慨。辛弃疾就为叶衡写过这样一首很有想象力的词《菩萨蛮·金陵赏心亭为叶丞相赋》：

青山欲共高人语，联翩万马来无数。烟雨却低回，望来终不来。

人言头上发，总向愁中白。拍手笑沙鸥，一身都是愁。

也许，30多岁的辛弃疾已经长有些许的白发，而这白发主要是为故国之愁而生。

又有一天，叶衡过生日，辛弃疾应邀前往祝寿，遂赋词一首。即便在这样的祝寿词里，辛弃疾也没有忘记统一大业：

江头父老，说新来朝野。都道今年太平也。见朱颜绿鬓，玉带金鱼，相公是，旧日中朝司马。

遥知宣劝处，东阁华灯，别赐《仙韶》接元夜。问天上，几多春，只似人间，但长见，精神如画。好都取山河献君王，看父子貂蝉，玉京迎驾。

——《洞仙歌·为叶丞相作》

可以说，这次在临安一年，辛弃疾度过了一段比较充实的生活。随着年龄的增长，对家庭的依恋逐渐加深，收复故国的愿望却丝毫未有减弱。和以前相比，这几年的临安城正在快速走向它的繁荣鼎盛期。遇到空闲节日，辛弃疾也会陪着范采苹，带着辛稹、辛秬一起去西湖、六和塔等处游玩，也去观看过波浪滔天的钱塘潮，可以说尽享家庭之乐。

诗人一旦心情好了，佳作也就会如汩汩泉水，长流不断。

有一天，辛弃疾和友人一起游览灵隐寺飞来峰西麓的冷泉，强烈地思念起故乡济南，想起济南众多的泉水，感到自己独在异乡的内在痛

家乡的泉水总是给予辛弃疾文学创作的灵感

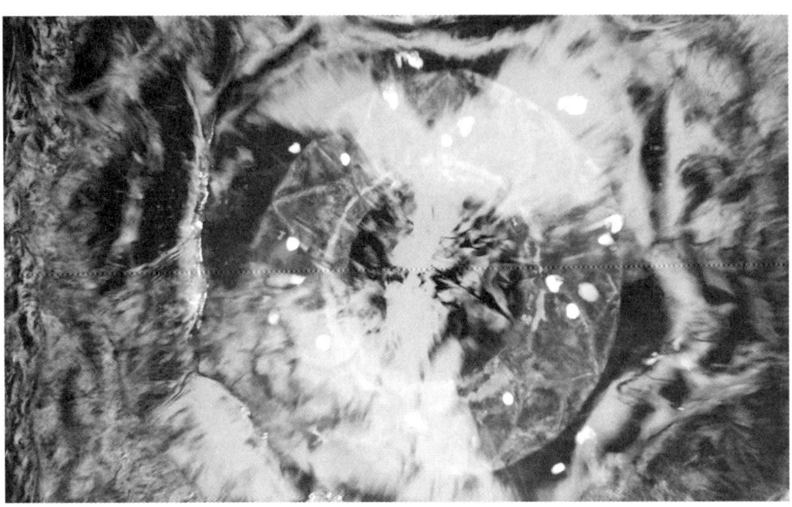

楚，遂写下《满江红·题冷泉亭》：

直节堂堂，看夹道，冠缨拱立。渐翠谷，群仙东下，佩环声急。谁信天峰飞堕地，傍湖千丈开青壁。是当年，玉斧削方壶，无人识。

山木润，琅玕湿。秋露下，琼珠滴。向危亭横跨，玉渊澄碧。醉舞且摇鸾凤影，浩歌莫遣鱼龙泣。恨此中，风物本吾家，今为客。

这一年的元宵节，辛弃疾和家人一起来到艮山门附近的御街，随着过节的人流，一路游览一路欢笑。辛弃疾欣然写道：

东风夜放花千树，更吹落，星如雨。宝马雕车香满路。凤箫声动，玉壶光转，一夜鱼龙舞。

蛾儿雪柳黄金缕，笑语盈盈暗香去。众里寻他千百度，蓦然回首，那人却在，灯火阑珊处。

——《青玉案·元夕》

又是一次心灵穿越，又是一首传世之作。

对于辛弃疾来说，“蓦然回首”所看见的“那人”究竟是谁呢？是一位如花似玉的女子，还是多年前失去的亲人，或者，干脆就是那心心念念却再也回不去的故乡。

淳熙二年（1175）六月，辛弃疾被任命为江西提点刑狱公事，主要任务是剿灭流窜于南方几省的一股暴动茶商。提点刑狱公事是宋代中央派出的“路”一级司法大员，官职四品，监督管理所辖州府的司法审判事务，审核州府案卷，并督治奸盗、维持地方治安，审理冤假错案，负责对所部官吏年度考核等。

对于辛弃疾而言，由于自身的特长和理想，凡是和军务、抗金有关的任命，从内心来讲他都更乐于接受。后来的事实也充分证明，他的军事才能和斗争风格在江西任上得到淋漓尽致的展现，尽管这一次他面对的不是金人，而是暴动起事的南宋子民。

这年四月，在湖北江陵一带，发生了一场茶商暴动。

中国的茶叶大都产于淮河与长江以南，宋金南北分治后，南宋对茶叶的销售课以重税，致使茶叶价格居高不下。因为利益驱动，每到下茶时节，茶贩子便活跃于南方各产茶区。有的茶贩子还越过长江、淮河将私茶运往金国统治区，以获取巨额利益。因此，从北宋开始，朝廷就对盗贩私茶者严厉打击，到南宋更甚。官府与茶商之间的激烈矛盾与冲突导致这起暴动。

位于江西赣州的辛弃疾塑像

大约有四五百名茶商，在一个叫赖文正的头目领导下，从湖北起事，经过湖南、江西进入广东，遭到阻击，又从广东退回江西。尽管各地官兵围追堵截，这支大多由亡命之徒组成的茶商军居然屡次大败政府军，穿行于江赣的崇山峻岭，游走于几个地区之间，成为令南宋朝廷头疼的一件大事。

就是在这种情况下，在叶衡的推荐下，朝廷起用了辛弃疾。

移交完仓部郎中的工作，安顿好家眷之后，辛弃疾经过800多公里的长途奔波，于七月初到达江西赣州，迅速开始着手对付赖文正。

他充分发挥郴州、桂阳、安福、永新等地乡勇熟悉地形的优势，从中选出精兵强将派往茶商军活跃地区，各个重要的关卡、路口、山隘都由专人把守，以切断茶商军的活动通道。同时还派出大量当地百姓作为官军的耳目，四处布置哨所和流动人员，负责收集茶商军的活动消息。另外，专门由官府军组成机动部队，一旦发现茶商军动态就紧紧尾随跟踪，伺机进行攻击。

这一下，茶商军本来最擅长的机动战术被遏制，活动范围被压缩，其命运完全为官军所掌握。茶商军见此，很快就流露出想被招安的意图。

辛弃疾非常及时地派出官员前去谈判，许以立功赎罪、既往不咎，这时候只剩下一二百人的茶商军知道官府的态度后，大多数都表示愿意和官府合作。赖文正见此只好放弃抵抗，也窃想说不定还能保全自家性命，于是，率众投降。

辛弃疾心血来潮，专门到大牢里见了这位茶商叛军的首领。赖文正问他，能不能像前去招安的人员所言饶他一死。辛弃疾思绪复杂，一时未置可否。

事后，详细揣摩朝廷的意思后，辛弃疾下令，部分茶商军按照他们的意愿释放回家，其余的编入政府军队，将赖文正斩首示众。

平定了暴动的茶商，辛弃疾心情不错，还专门赋诗一首：

落日苍茫，风才定，片帆无力。还记得，眉来眼去，水光山色。倦客不知身近远，佳人已卜归消息。便归来，只是赋行云，襄王客。

些个事，如何得。知有恨，休重忆。但楚天特地，暮云凝碧。过眼不如人意事，十常八九今头白。笑江州，司马太多情，青衫湿。

——《满江红·赣州席上呈太守陈季陵侍郎》

赣州太守陈天麟，字季陵，宣城人，在茶商军进犯赣州、吉安时，他全力以赴协助辛弃疾作战。

在这首词里，辛弃疾为我们贡献了两个原创，一个是“眉来眼去”，一个是“不如人意事，十常八九”。一个后来转化成表达男女两情相悦的成语，另一个则成为中国人表达人生态度的箴言。

在不到两个月的时间内，干脆利索地彻底平定暴动，使得辛弃疾在朝中再次名声大振。当然，也有一些人认为最后杀掉赖文正属于失信于人。消息传到孝宗皇帝那里，赵昚表示，辛弃疾灭寇有方，应该给予奖励。

新任命很快到达，仍任江西提点刑狱公事，只是另外加了个兼职的官名，叫作秘阁修撰。

就在辛弃疾留任江西不久，一个坏消息从杭州传来，好友叶衡被皇帝罢相。这对辛弃疾是个不小的打击，他知道，叶衡的离职代表主战派在朝廷里再次失势，收复中原的理想又重新变得遥不可及。他赶紧给叶衡写信询问，叶衡回信嘱咐他要好自为之。他的心情有些不振。

也就是这次任职江西的经历，使辛弃疾和这片土地产生了难解之缘。时间虽然不长，他却出奇地喜欢上了这里。一是这些年来，他逐渐认清了朝廷的所作所为及其内在原因和逻辑；再就是随着年龄渐大、家室扩充，但多年来一直迁徙不定，居无定所。当他看到江西山清水秀、民风淳朴时，慢慢地，内心便萌生出在这里安家的愿望。

江西赣州西北部贺兰山顶，有一个叫造口壁的地方，又称望阙台，为历史遗迹。

淳熙三年（1176）秋天，37岁的江西提点刑狱公事辛弃疾经过这里，望着滔滔江水，联想到国家的境遇和个人的未来，一股悲愤之情无法抑制，于是挥笔在江边石壁上题了一首《菩萨蛮·书江西造口壁》：

> 郁孤台下清江水，中间多少行人泪。西北望长安，可怜无数山。
>
> 青山遮不住，毕竟东流去。江晚正愁余，山深闻鹧鸪。

这是一首“借水怨山”的杰作。至此，辛弃疾的诗词创作，无论是恢宏的主题，还是独到的神韵，已经达到相当纯粹的高度，其聪颖的天赋，深厚的功底，加上刻苦的学习与训练，使得一代词人辛弃疾日臻成熟，冠绝南宋。

当年在亳州时，辛弃疾曾因诗词创作获得过“辛党”之誉。多年以后，辛弃疾的知名度不断提高，而此时，党怀英虽也略有诗名，但他已经投靠金人，变节事敌，和辛弃疾完全不能同日而语了。

同年秋冬之际，辛弃疾又被调往襄阳，任京西路转运判官。在宋代，转运使与发运使下又增设判官，职位略低于副使，称转运判官、发运判官，简称“运判”，有催征钱粮之责。

皇帝的任命有时候如久旱之地不见雨，有时候却又如连绵阴雨不停歇。不到半年，淳熙四年（1177）二月，襄阳转运判官的位置还没坐热，辛弃疾又被改派为江陵府知府，兼任荆湖北路安抚使。

唐代负责巡视经过战争或受灾地区的官员，称安抚使，宋代初期沿用之，为中央派遣至诸路处理灾伤及用兵事务的特遣专使，后逐渐成为各路负责军务治安的长官，常以知州、知府兼任。

这一年八月初，52岁的范成大从四川回临安时路过江陵。范成大与杨万里、陆游、尤袤合称南宋“中兴四大诗人”。他不仅诗名远扬，而且为政清廉，胆识过人，隆兴和议期间曾冒着生命危险代表南宋出使金国，舌战金世宗完颜雍，为人称颂。辛弃疾与他在临安时曾有过交往，对其诗名和政治才能都十分钦佩。这次能在江陵招待范成大，辛弃疾非常高兴。两个人在一起畅谈局势，也少不了推敲诗艺，旧友知音相见甚欢。

没想到的是，这一年冬天，却发生了一件意外的事情。

江陵驻军中有几个士兵无故殴打当地百姓，驻军将领予以袒护，辛弃疾气愤不过，上疏向朝廷论奏此事。没想到对方在朝廷内的根基很深，辛弃疾反被倒打一耙，朝廷以地方官和驻军首领不和为由，将辛弃疾调任隆兴府（今江西南昌）知府兼江西安抚使。

淳熙五年（1178）四月，辛弃疾39岁，他又被召往临安做大理寺少卿。大理寺相当于现在的最高法院，少卿负责刑狱案件的审理。

这一年，辛弃疾经吕祖谦介绍，与陈亮相识，经过多年的交往，两人成为彼此一生中难得的知己。

陈亮，绍兴十三年（1143）十月生于婺州（今浙江金华）一个没落的士人家庭，比辛弃疾小3岁。青少年时期就显示出聪慧过人和非凡志向。“生而目有光芒，为人才气超迈，喜谈兵，议论风生，下笔数千言

陈亮

立就”。18岁那年，他考查历代古人用兵成败的事迹，写出《酌古论》，讨论了19位历史风云人物。婺州郡守看后惊赞“他日国士也”。乾道五年（1169），朝廷与金人议和，天下欣然，唯独陈亮认为不可，他以布衣身份，连上五疏，朝廷置之不理，这就是历史上著名的《中兴五论》。陈亮在青壮年时期，曾两次参加科举考试，都未得中。他自己却说：“亮闻古人之于文也，犹其为仕也。仕将以行其道也，文将以载其道也。道不在我，则虽仕何为？”淳熙五年（1178），他再次连续三次上书，慷慨激昂批判自秦桧以来朝廷苟安一隅的国策，同时批评儒生、学士拱手空谈的不良风气，感动了皇帝，孝宗“欲诏令上殿，将擢用之”，但被陈亮拒绝。

这样的人，正好和辛弃疾兴味相投。宏愿相近，自然是“金风玉露一相逢，便胜却人间无数”，两个人一时相见恨晚。这么多年来，辛弃疾结识过无数仁者志士，其中不乏人中豪杰，有的还对他提携有加，但是，像和陈亮这样能够性情高度一致，志向同样坚定决绝，心灵产生如此共鸣的，还真是第一次。

回到杭州几个月后，到淳熙五年（1178）秋天，辛弃疾又被任命为湖北转运副使。

不知道为什么，这几年来，辛弃疾在各个职位上的任期都很短。而在较长的一段时间内，他不得不总是奔波在路上。在湖北待了半年多以后，次年三月，辛弃疾又被派任荆湖南路转运副使。

接到任命，喜欢喝酒的辛弃疾免不了要和朋友举杯相别，酒过三巡，不禁诗兴大发，便借此抒发一下胸中郁闷与彷徨：

更能消几番风雨，匆匆春又归去。惜春长怕花开早，何况落红无数。春且住，见说道、天涯芳草无归路。怨春不语。算只有殷勤，画檐蛛网，尽日惹飞絮。

长门事，准拟佳期又误。蛾眉曾有人妒。千金纵买相如赋，脉脉此情谁诉？君莫舞，君不见、玉环飞燕皆尘土。闲愁最苦。休去倚危栏，斜阳正在，烟柳断肠处。

——《摸鱼儿·淳熙己亥，自湖北漕移湖南，同官王正之置酒小山亭，为赋》

他又要出发了，再一次风雨兼程。在南宋朝廷的棋局中，他只是一个不大起眼的小小棋子，被别人随意拿起，又随意安放着。而他在这些路途中遇到的芳草，都没有归路；他看见的夕阳，也都在天涯孤旅愁断衷肠的地方。

第十章

上饶好去处　湖山仿故乡

从朝廷对辛弃疾这些匆忙又多变的任命中，也不难看出皇帝在用人上的犹豫与反复。有的是一时急需，临时所想；有的是经人推荐，愿意一试；而有时肯定就是拆了东墙补西墙。和其他朝代相比，南宋虽然只是国有其半，偏安一隅，但它的运转体制在稳定性上甚至还不如别的朝代。

这一点，从辛弃疾的宦海浮沉与迁移中，可窥一斑。

从淳熙二年（1175）六月到赣州做江西提点刑狱公事至今，短短的4年时间内，辛弃疾不是刚上任，就是在去上任的路上。

辛弃疾饱尝奔波之苦，对于每一次任命，只好苦中作乐，充分“享用”每一次旅途的迁徙。当然，有时候，诗歌灵感也会像鸟儿一样栖落在他行色匆匆的心上。

比如这首《鹧鸪天·离豫章，别司马汉章大监》：

聚散匆匆不偶然，二年历遍楚山川。但将痛饮酬风月，莫放离歌入管弦。

萦绿带，点青钱，东湖春水碧连天。明朝放我东归去，后夜相思月满船。

从“明朝放我东归去”，不难看出辛弃疾的内心已经萌生归意。

但现在，辛弃疾还是十分敬业，在不惑之年来到长沙任职，他像往常一样，还是想好好尽到自己的职责。

鉴于当时各地盗贼四起的状况，辛弃疾一到任荆湖南路转运副使，就向朝廷上奏《论盗贼札子》，陈述自己的见解：

> 臣窃惟方今朝廷清明，法令备具，虽四方万里之远，涵泳德泽如在畿甸，宜乎盗贼不作，兵寝刑措，少副陛下厉精求治之意；而比年以来，李金之变，赖文政之变，姚明敖之变，陈峒之变，及今李接、陈子明之变，皆能攘臂一呼，聚众千百，杀掠吏民，死且不顾，重烦大兵翦灭而后已，是岂理所当然者哉？臣窃伏思念，以为实臣等辈分阃持节、居官亡状，不能奉行三尺，斥去贪浊，宣布德意，牧养小民，孤负陛下使令之所致。责之臣辈，不敢逃罪。

淳熙六年（1179）八月，宋孝宗下达手诏，宣谕宰执：“批答辛弃疾文字，可扎下诸路监司帅臣遵守施行。”同时御笔答复辛弃疾说：

> 卿所言在已病之后，而不能防于未然之前，其原盖有三焉：官吏贪求，而帅臣监司不能按察，一也。方盗贼窃发，其初甚微，而帅臣监司漫不知之，坐待猖獗，二也。当无事时，武备不修，务为因循，将兵不练，例皆占破，才闻啸聚，而帅臣监司仓皇失措，三也。夫国家张官置吏，当如是乎？且官吏贪求，自有常宪，无贤不肖，皆共知之，亦岂待喋喋申谕之耶？今已除卿帅湖南，宜体此意，行其所知，无惮豪强之吏，当具以闻。朕言不再，第有诛赏而已。

辛弃疾的意思是要皇帝下令整顿贪官，而皇帝则顾左右而言他。常常是这样，不管你说什么，皇帝自有皇帝的道理，对不对你都得好好听着。如果你完全不同意，那么，表达意见时就要经过反复掂量，即便那样，也不敢保证不会惹祸上身。

到了这年的秋天，辛弃疾又调任潭州（今湖南长沙）知州兼湖南安抚使。

张栻

淳熙七年（1180）三月底，传来消息说，右相张浚之子，时称“东南三贤”的张栻已于上月二十二日因病去世。辛弃疾被这个噩耗震惊了。张栻这一年才48岁，正是年富力强的时候。至此，文坛又走了一位大儒，朝廷又少了一个主战派知音，辛弃疾也失去了一位赏识自己才华的好友。这些让人伤心的消息，一次一次蚕食着辛弃疾的内心。

淳熙七年（1180）八月，鉴于湖湘之地暴动频发，这次，辛弃疾决心打造一支召之即来、来之能战的精兵。当然，辛弃疾还有另外一个不能公开的想法，那就是如果能建成一支真正的精锐部队，将来在抗金战争中发挥作用，就再好不过了。实际上，创建这么一支队伍，是他多年来的隐秘想法，只不过原先没有这样的机会。

辛弃疾立即向朝廷建议，依照广东路摧锋军、福建路左翼军先例，来创办这支部队，隶属枢密院和侍卫步军司，归湖南安抚使节制。朝廷很快就答复了，辛弃疾则快马加鞭地开展工作，招募步兵2000人、骑兵500人。为此，他还派专人到广西产马之地买回战马500匹。

消息传到朝廷，那些主和派极力反对，便传播谣言说辛弃疾借此搜刮民财。枢密院听信谗言，就通知辛弃疾先停止营房的修建。

辛弃疾深知“将在外，君命有所不受”的道理，不但没有停工，还

辛弃疾创建飞虎军

下令限期一个月内必须建成营房。但是，这么短的时间内，修建工程所需20万片瓦来不及烧制，辛弃疾便又出奇招，向潭州市民出钱购买。他张榜公示，要求潭州城居民每家供送20片瓦，限两日内如数运至营房基地，凡按时送到者现场付钱一百文。结果不到两天，所需之瓦全部凑足。

工程所需石块的数量也极为庞大，辛弃疾又出一招，他征发当地的罪犯到城北山上开采石头，且按照每人所犯罪行轻重规定开采的石头数目，作为赎罪标准。结果还真奏效，庞大数量的石块在很短的时间内也筹备到位。

飞虎军很快招募完成，尽是些英猛威武、胆量过人之辈，再加上严格的军事训练，一支能征善战的特别机动部队诞生了。以后的事实也反复证明，这支部队不仅能平乱，抵御金兵时也战之能胜，成为远近闻名的飞虎军。

淳熙七年（1180）冬，辛弃疾41岁，他的贴职由秘阁修撰改为右文殿修撰。十二月初，他再次任隆兴府（今江西南昌）知府兼江西安抚使。此前15年，南宋另一位著名诗人陆游，曾在隆兴府任过通判。

辛弃疾到任时，隆兴府正遭严重旱灾，他马上采取措施，公开贴出告示："闭粜者配，强籴者斩。"粜是卖出，籴是买进。有粮食不卖的一经发现立即予以流配，如果哪里发现强抢粮食的人马上抓住斩首。这时候，辛弃疾的名字在南国已经有所传开，很多地方的人都听说过他刚直不阿、说一不二的性格和作风，谁会拿自己的前途和身家性命来冒险呢。

时间不长，隆兴府市场上粮食奇缺的情况就有所好转。与此同时，辛弃疾还派人从外地采购大批粮食，以压下本地居高不下的粮价，很短的时间内就使隆兴府顺利渡过灾情。

这一年，和隆兴府紧邻的信州（今江西上饶）也遇到严重的旱灾，信州知州向辛弃疾提出借粮。辛弃疾迅速召集会议商量，在会上，他不顾大多数人的反对，决定出借粮食给信州。他为赈灾所做的诸多善事，为他在这一带赢得了美誉。

这期间，还发生了这样一件事情。

淳熙八年（1181）三月末，辛弃疾收到辛忠的消息，他贩运牛皮的船只在江南东路南康军（今江西庐山市）境内被扣住。辛弃疾知道这是朱熹的管辖范围，就让辛忠去找朱熹，请他网开一面。没想到这一招不管用，那批牛皮还是被没收了。辛弃疾只好直接写信给朱熹，说这批牛皮是发往浙东总领所的军用物资，请他多多关照。朱熹看在他的面子上，才予以放行。后来，朱熹在《与黄商伯书》一文中专门记载了这件事情：

> 辛帅之客舟贩牛皮过此，挂新江西安抚占牌，以帘幕蒙蔽船窗甚密，而守卒仅三数辈。初不肯令搜检，既得此物，则持帅印来，云发赴淮东总所。见其不成行径，已令拘没入官。昨得辛书，却云军中收买。势不为已甚，当给还之，然亦殊不便也。

在南宋，许多朝廷命官在官俸之外，都多少从事一些其他买卖以获得额外收入。在这方面，那些皇亲国戚做得更明目张胆。辛弃疾娶妻纳妾、养育众多子女，加上交友花销，单纯靠官方的俸禄远远不够。加上他平时出手大方，花费就更多于一般官员。

在南宋的诸多城市，上流社会的很多成员均想方设法增加自己的财富积累，他们都拿出一部分财产投入商业性的经营中。当然，朝廷在表面上是禁止这么做的，然而，中国人这方面的对策由来已久，人们可以假托家庭或者家族中其他人的名义来做生意，以免影响官位。也有人通过中间代理人，从事此类贸易活动。

有专家指出，《清明上河图》里，在汴河上繁忙往来的船只，运送的就不是官粮，而是私粮。

因为救灾有功，淳熙八年（1181）七月，朝廷诏令："去岁诸路州军有旱伤去处，其监司守臣修举荒，民无饿殍，各与除职转官。既而江西运副钱佃、知兴元府张坚、知隆兴府辛弃疾等各转一官。"于是，辛弃疾由宣教郎转为奉议郎，官阶从六品上，仍知隆兴府。

朋友们纷纷向他祝贺。这一天，在滕王阁上，一场盛大的酒宴如期举行，辛弃疾喝得不少，很久没有如此畅快，遂赋诗一首：

高阁临江渚。访层城，空余旧迹，黯然怀古。画栋珠帘当日事，不见朝云暮雨。但遗意，西山南浦。天宇修眉浮新绿，映悠悠，潭影长如故。空有恨，奈何许。

王郎健笔夸翘楚。到如今，落霞孤鹜，竞传佳句。物换星移知几度，梦想珠歌翠舞。为徙倚，阑干凝伫。目断平芜苍波晚，快江风，一瞬澄襟暑。谁共饮？有诗侣。

——《贺新郎·赋滕王阁》

七月二十九日，从浙江婺州传来噩耗，吕祖谦病逝，终年45岁，和去年辞世的张栻都属于英年早逝，实乃南宋学界的损失。他们的死，也使得人到中年的辛弃疾近切地感受到生命的无常。

这年十一月，辛弃疾又收到新的任命，出任两浙西路提点刑狱公事。可这次，他还没有来得及去上任，坏消息就接踵而至。

朝中的敌对势力从来就没有停止过对辛弃疾的攻击、陷害，有时候风声稍微松一些的时候，不是斗争停止了，而是陷害者正在罗织罪名。

这一次，他们利用辛弃疾创置湖南飞虎军的一些事弹劾他，说他“奸贪凶暴，帅湖南日，虐害田里”“用钱如泥沙，杀人如草芥”，还将他没有及时听取枢密院意见停止飞虎军营建造说成“凭陵上司”，也有人说他施政风格不符合宋朝官场。更为阴险的是，平日里辛弃疾和旧友们的一些书信和财物往来，也被罗织成了“缔结同类”“方广赂遗”的罪名。这种种逆流最后汇成一股不可小觑的力量，要求罢免辛弃疾。

皇帝赵昚没有经过认真的调查和征询，便听信他们的弹劾，下令罢免了辛弃疾所有差遣，并削夺了他“右文殿修撰”的贴职。

也许，这是辛弃疾第一次在官场遭遇全面的低谷。

也许，离开复杂多变、纷争不断的官场，对辛弃疾来说，时候到了。

这一年，辛弃疾42岁。

常常是这样，很多事情出乎意料，也有很多事情却巧合得犹如天助。

朝廷对辛弃疾的这次罢免就如同早有预谋一样，正好在他事先为自己安排好一个相对满意的去处时出台。

早在辛弃疾被强力弹劾前一个多月，也就是淳熙八年（1181）十月份，还在隆兴知府任上时，辛弃疾就收到一则令他十分开心的好消息，那就是上饶郡带湖的新居已经修建完毕。

辛弃疾喜不自胜，写下一首《沁园春·带湖新居将成》：

三径初成，鹤怨猿惊，稼轩未来。甚云山自许，平生意气；衣冠人笑，抵死尘埃。意倦须还，身闲贵早，岂为莼羹鲈鲙哉！秋江上，看惊弦雁避，骇浪船回。

东冈更葺茅斋，好都把轩窗临水开。要小舟行钓，先应种柳；疏篱护竹，莫碍观梅。秋菊堪餐，春兰可佩，留待先生手自栽。沉吟久，怕君恩未许，此意徘徊。

开头的“三径初成，鹤怨猿惊”里面含有两个典故。一是“三径”之说来自于西汉末年，有一个叫蒋诩的人，曾任兖州刺史，以廉直著称，因不满王莽专权而辞官，闭门不出，在家门前开辟三条小路，一条自己走，另外两条让志趣相投的朋友走，其他人则一概谢绝探访。后来，人们便用“三径”来代指隐士的家园。“鹤怨猿惊”则出自南北朝一个叫孔稚珪的人，他写有一篇《北山移文》，里面有个假隐士离开隐居的北山去追名逐利，于是，这山上的动物都对他产生怨恨和惊讶。前三句的意思就是，隐居的地方已经盖好房子，可我却迟迟未去，那里的“鹤和猿”都会以为是我贪恋官场的名利。

这样看，辛弃疾归隐山林的心意已决。

有时候，一个人和一个地方的相遇，应该和缘分有关。

辛弃疾从淳熙二年（1175）开始在赣州做江西提点刑狱，有机会路过上饶，一下子就被这里的山水给迷住了。丰林秀竹、青山碧水和滚滚流淌的宽阔信江，都深深吸引着他的心。后来，辛弃疾干脆让辛忠替他在带湖边物色了一块地，在这里修房盖屋，准备将来告老还乡后到这里安度晚年。

现在房子已经盖好，他的身心一下就有了着落。

上饶古称饶州、信州，位于今天的江西省东北部，西距南昌250公里，其东连浙江，南挺福建，北接安徽，有“八方通衢”和“豫章第一门户”之称。

带湖位于上绕城北，湖面狭长。这几年中，辛弃疾到过这里很多次，见其“枕澄湖如宝带”，遂为之取名为“带湖”。他还根据带湖四周的地形地势，亲自设计出“高处建舍，低处辟田”的庄园格局，并对家人说：“人生在勤，当以力田为先。”他把带湖庄园取名为“稼轩”，并以此自号“稼轩居士”。辛弃疾原先字坦夫，后来改为幼安，现在，他又有了新的号。从此，这个新号“稼轩”便名扬文坛江湖，并见传于历史，以至于尽人皆知。

本来归隐山林愿望萌生已久，而这次皇帝又突然不明不白地罢黜他所有的官职。那么，一切正好，带湖新居刚成，唯一缺少的就是它的主人。淳熙八年（1181）底，辛弃疾来到上饶定居。当时的上饶还是交通要道，据洪迈《稼轩记》载：“密迩畿辅，东舟西车，蜂午错出，势处便近，士大夫乐寄焉。”

房子是盖好了，但还有很多后续的事要做。辛弃疾不光是一个上马能打仗、提笔能赋诗的文武全才，他应该还是一个园林大家。对于带湖新居，他是这样设计的：

带湖吾甚爱，千丈翠奁开。先生杖屦无事，一日走千回。凡我同盟鸥鸟，今日既盟之后，来往莫相猜。白鹤在何处，尝试与偕来。

破青萍，排翠藻，立苍苔。窥鱼笑汝痴计，不解举吾杯。废沼荒丘畴昔，明月清风此夜，人世几欢哀。东岸绿阴少，杨柳更须栽。

——《水调歌头·盟鸥》

辛弃疾是济南人，那里有个大明湖，翠湖岸边，垂柳成行。济南城也素有“四面荷花三面柳，一城山色半城湖”的美誉。离开济南虽已20多年，但辛弃疾在归隐田园的选址和山水特点、布局和草木栽种上，都直接间接透露出他对家乡济南的思念。既然北方真正的家乡无法回返，

大明湖的辛稼轩纪念祠

那就在秀丽的南国挑选、营造出一个酷似家乡的去处。在那带湖东岸，再多栽些杨柳，让大明湖的神韵在这里有所体现。

或许只有在这样的环境里，才能冲淡他失落的情绪，消解他内心深处的愤懑。

南宋文学家洪迈是一位为政清廉的官吏，和辛弃疾是好友。带湖新居落成不久，辛弃疾就邀请他前来做客。洪迈著作颇丰，其中最为著名的是《容斋随笔》，里面对辛弃疾的带湖居所有详细的描写：

> 郡治之北可里所，故有旷土存，三面傅城，前枕澄湖如宝带，其纵千有二百三十尺，其衡八百有三十尺，截然砥平，可庐以居，而前乎相攸者，皆莫识其处。天作地藏，择然后予。济南辛侯幼安最后至，一旦独得之。既筑室百楹，才占地什四。乃荒左偏以立圃，稻田泱泱，居然衍十弓。意他日释位得归，必躬耕于是，故凭高作屋下临之，是为“稼轩”。

辛弃疾买下的这块地，总面积达160余亩。带湖400多米长，近300米宽，这里总共盖了好几个院落，足足有一百多间房，还修有亭台水榭，游廊栈道，其中有八九十亩的空地，被挖成鱼池，辟为菜园，低洼处还开出一片稻田。

《容斋随笔》

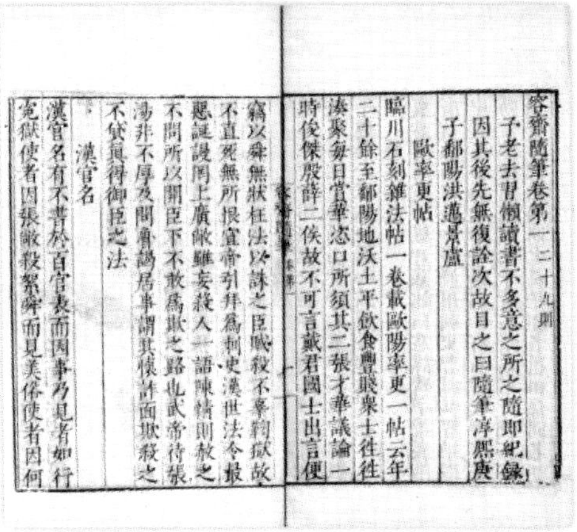
容齋隨筆卷第一　二十九則
子老去習懶讀書不多意之所之隨即紀錄
因其後先無復詮次故目之曰隨筆淳熙庚
子鄱陽洪邁景盧
歐率更帖
臨川石刻雜法帖一卷載歐陽率更一帖云年
二十餘至鄱陽地沃土平飲食豐賤衆士往往
湊聚每日賞華恣口所須其二張才華議論一
時俊傑殷薛二侯故不可言戴君國士出言便
竊以舜無狀枉法以誅之臣賊殺不辜夠獄故
不直死無所恨宣帝引拜爲刺史漢世法令最
慝誣謾罔上廣漢雖妄殺人一語陳情則赦之
不問所以開臣下不敢爲欺之路也武帝待張
湯非不厚及聞魯謁居事謂其懷詐面欺殺之
不貸眞得御臣之法
漢官名
漢官名有不書於百官表而因事乃見者如行
寃獄使者因張敞殺絮舜而見美俗使者因何

房子大部分都是平

房，其中有一座楼，可以登高望远，辛弃疾将之命名为集山楼，后改为雪楼，登斯楼可远眺灵山。灵山共有72座山峰，主峰海拔1496米。现代诗人冯雪峰被关押在上饶集中营期间，曾写下《灵山歌》，里面有这样的句子："一连串的高峰直矗到天际，有时它蒙罩在梦一般的云里。"

直到淳熙九年（1182）年中，辛弃疾的这片别墅大宅才全部竣工，朱熹曾经前来游玩，"以为耳目所未曾睹"，看样子应该十分漂亮、豪华壮观。范采苹、林落茵和香香、飞卿、田田等另外几个小妾一起，带着孩子们陆陆续续来到这里安居，过起悠闲而不失农家色彩的山林生活，一大家人的小日子过得很是舒心。

辛弃疾在任江西提点刑狱公事时，认识了一位叫林落茵的赣州女子，性格活泼，气质绝佳，琴棋书画样样皆通，两个人很是谈得来，互相之间常有诗词应和之举。林落茵深谙辛弃疾内心之悲喜，而此时已经泛起解甲归田想法的他，也正需要有年轻美丽的红颜知己来慰藉、温润。难得的是，林落茵和夫人范采苹非常谈得来，亲如姐妹。在朋友的怂恿下，辛弃疾干脆将林落茵娶进门来，做了恩爱有加的小夫人。

孩子们已渐渐长大，辛稹都快20岁了，辛秬之下，又添了辛稏、辛穮、辛穰、辛穟。辛弃疾子女的名字大都和庄稼、植物有关。"稏"这个字本身就是稻穗摇动或水稻多的样子，穮是指耕地除草，穰是指谷物成熟，穟是禾穗饱满的意思。可以看得出来，辛弃疾心里以农为本的思想还十分浓厚。他真心期望着，子女们能像自己一样，将来无论有什么官职和名誉加身，都要保持和土地的亲近关系，保持好一个农人的淳朴本色。

可能连辛弃疾自己都没有想到，他在这里一住就是十几年。带湖居然接纳了他中年生命里极其漫长的一段时光。

在上饶带湖，辛弃疾也是第一次开始过上这种真正的田园生活。那些日子里，他吟诗填词，骑马练剑，稻田躬耕，喝酒交友，真可谓优哉游哉。

美丽的上饶，绿色的上饶，因为山清水秀吸引而来的，还不止辛弃疾一人。词人韩元吉，字无咎，号南涧，河南开封人，著有《南涧甲乙稿》《南涧诗余》等词作，存词80余首。他南渡后将家迁到信州，年老退休后居住于此。汤邦彦，字朝美，镇江人，因出使金国“有辱使命”被贬信州。此外还有陈德明、赵善扛、徐安国、杨民瞻等，都是诗文才华之名士。和他们交往，和他们在诗词艺术上的切磋和应和，都滋润着辛弃疾的一颗诗心，使得带湖成为辛弃疾诸多诗词名作的诞生地。

天快下雨了，辛弃疾目不转睛地盯着灵山前的乡间小路，久久不动，一阵雷声滚过，终于有雨滴大颗大颗地砸下来，激起一小团一小团的土雾。这种场景在辛弃疾笔下酝酿成了一首传世名作：

明月别枝惊鹊，清风半夜鸣蝉。稻花香里说丰年。听取蛙声一片。

七八个星天外，两三点雨山前。旧时茅店社林边。路转溪桥忽见。

——《西江月·夜行黄沙道中》

秋天就要来了，荷花已经盛开好几个月，莲蓬和大豆都已经成熟，一家人在屋前休闲、玩乐。听到南方女子温柔的声音传来，辛弃疾放下手中的书，抬头看去，有人结伴从田垄间经过。再看几个孩子，各忙各的事情，各有各的姿态，好悠然自得的世外桃源一景：

茅檐低小，溪上青青草。醉里吴音相媚好，白发谁家翁媪？

大儿锄豆溪东，中儿正织鸡笼。最喜小儿亡赖，溪头卧剥莲蓬。

——《清平乐·村居》

这样的日子里，辛弃疾才有时间去深刻地回味和感悟人生的变幻。从少年之志到中年之愁，从个人之怨到国家之伤，从失去故国河山的切肤之痛到无法言说的茫然悲凉，都在辛弃疾的诗作中得到貌似随意实则彻入骨髓的体现，并由此道出人生不同阶段里几近永恒的内在本质：

少年不识愁滋味，爱上层楼。爱上层楼，为赋新词强说愁。

而今识尽愁滋味，欲说还休。欲说还休，却道天凉好个秋。

——《丑奴儿·书博山道中壁》

从聚义山林到策马南归，从胸怀大志到为官益民，从经世远略到宦海困顿，直到不得已归隐田园，辛弃疾在一定程度上已经能够坦然接受朝廷任何的褒贬与任免。或者说，在残酷的现实面前，他也只能尽力保持一种看破红尘、融入自然的愉悦状态：

不向长安路上行，却教山寺厌逢迎。味无味处求吾乐，材不材间过此生。

宁作我，岂其卿，人间走遍却归耕。一松一竹真朋友，山鸟山花好弟兄。

——《鹧鸪天·博山寺作》

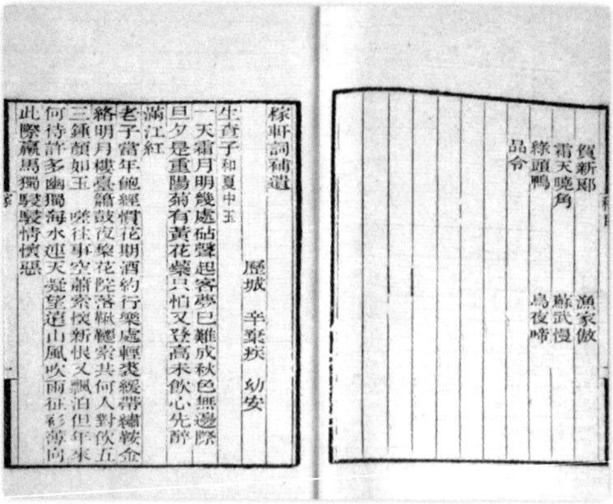
賀新郎　漁家傲
霜天曉角　蘇武慢
綠頭鴨　烏夜啼
品令

稼軒詞補遺
歷城　辛棄疾　幼安
生查子 和夏中玉
一天霜月明幾處砧聲起客夢已難成秋色無邊際
旦夕是重陽菊有黃花蘂只怕又登高未飲心先醉
滿江紅
老子當年飽經慣花期酒約行樂處輕裘緩帶繡鞍金
絡明月樓臺簫鼓夜梨花院落鞦韆索共何人對飲五
三鍾顏如玉　嗟往事空蕭索懷新恨又飄泊但年來
何待許多幽獨海水連天凝望遠山風吹雨征衫薄向
此際羸馬獨駸駸情懷惡

《稼轩词集》

白天可以访友问亲，悠游自在，可分裂的山河日益无望弥合，丢失的故土仍然看不到收复的希望，一旦到夜深人静、独处冥思之时，他那颗不愿平庸、不甘凡俗的雄强之心，还会怦怦搏动，以至流泪流血，只有“今朝有酒今朝醉”的姿态才能使之暂时释怀：

> 近来愁似天来大，谁解相怜？谁解相怜，又把愁来做个天。
>
> 都将今古无穷事，放在愁边。放在愁边，却自移家向酒泉。
>
> ——《丑奴儿》

一个人童年和少年的记忆对人一生的影响深远，辛弃疾也一样，他不光是对大明湖情有独钟，对济南的众多泉水更是念念不忘。无论走到哪里，只要看到有泉水流淌而出，他总是禁不住要驻足观看、流连。

淳熙十二年（1185）前后，辛弃疾再次从上饶铅山县经过，在这里偶然发现一眼奇妙无比的泉水。

铅山在上饶的西南方向，大约有40公里远。铅山地理位置优越，山清水秀，交通发达，位于闽赣交界处，其境内的武夷山脉主峰海拔2160米，为我国东南第一峰，素有“华东屋脊”“千峰之首”的称号。

铅山奇师渡所在的瓜山脚下有从半山腰淌下的泉水，流经一块宽阔的方石，石头上正好紧挨着有两个凹陷，一个像臼，一个像瓢，泉水先注入臼，再流到瓢里，泉水清澈甘甜。每当风静天晴，瓢泉的一汪清水倒映着山上修长的竹林和山色，有时候，白云也从那泉水中缓缓飘过，幻美之极。

辛弃疾掩饰不住内心的激动，很快就买下了这眼泉和周边的一大块地。高兴之余，辛弃疾还专门赋词一首《洞仙歌·访泉于奇师村，得周氏泉，为赋》：

飞流万壑，共千岩争秀。辜负平生弄泉手。叹轻衫短帽，几许红尘，还自喜，濯发沧浪依旧。

人生行乐耳，身后虚名，何似生前一杯酒！便此地结吾庐，待学渊明，更手种，门前五柳。且归去，父老约重来；问如此青山，定重来否？

结尾一句虽然是疑问句，但实际上从看到瓢泉的第一眼起，辛弃疾就已经下定决心要重来这里，彻底做一个崭新的五柳先生。

在济南出生的辛弃疾本来就是一个痴迷的“弄泉手”，只是这些年不得不怀揣理想在宦海奔波、沉浮，沾惹上不少世俗尘泥，现在该是好好洗涤的时候了。

奇师渡又称奇狮渡，是位于瓜山脚下的一个古老渡口，芦河从这里淌过。除了瓜山，附近还有奇狮山、女城山等。后来，辛弃疾又根据《荀子》的记载，考证出此地就是古时的弋阳期思县，于是，他便将这个地方改名为期思，渡口也改为期思渡。

辛弃疾买下这块地后，先建了一栋别墅，作为来往小憩之所。在那以后他经常与朋友从上饶过来，汲泉饮茶，酌酒写诗，十分惬意。这些活动和其中的快乐，也都反映在他的诗作中。

这眼泉原来叫周氏泉，辛弃疾专门将它改为瓢泉。

《论语·雍也》中有：“一箪食，一瓢饮，在陋巷，人不堪其忧，回也不改其乐。贤哉，回也！”况且，那泉又和瓢极为神似，“瓢泉”大概即由此而来。有《水龙吟·题瓢泉》为证：

稼轩何必长贫，放泉檐外琼珠泻。乐天知命，古来谁会，行藏用舍？人不堪忧，一瓢自乐，贤哉回也。料当年曾问：饭蔬饮水，何为是，栖栖者。

且对浮云山上，莫匆匆去流山下。苍颜照影，故应零落，轻裘肥马。绕齿冰霜，满怀芳乳，先生饮罢。笑挂瓢风树，一鸣渠碎，问何如哑。

如果说带湖的波光水影给辛弃疾带来诗词创作的丰厚生活资源，那么，发现瓢泉并爱上它则使辛弃疾的创作灵感如泉喷涌，源源不断。在带湖隐居的那些年，辛弃疾一门心思沉溺于诗词艺术迷宫，纵横捭阖，上下摸索，苦心研写，佳作迭出，留下了众多闪闪发光的经典诗词，其中许多篇章都传之后世。

淳熙十五年（1188），辛弃疾49岁，正月里，随着春节一起到来的还有一件喜事，他的第一本词集《稼轩词甲集》由学生范开编定印行，一时间传遍大江南北。

一个励精图治、决意北伐的志士从南宋的官场归隐不见，而一个名垂千古的伟大词人却厚积薄发，横空出世，声名日隆。

七八年的时间似乎转眼间就过去，辛弃疾在带湖的别墅得以尽享天伦之乐。这里天天有妻子和爱妾的体贴关怀，有孩子们的笑声、哭声和打闹嬉戏。辛弃疾每每外出归来，妻妾相迎，子女绕膝，总能给他带来浓浓的暖意。

和内心深处的北望之情相比，孩子是辛弃疾另一种对未来的希望。人生若能如此安度，天长地久，又有所寄托，也可以无怨无悔。

从此，辛弃疾的生命之船进入到一段和缓宽阔的新河道。前景徐徐展开，光芒冉冉升起。

第十一章

高山流水遇　挑灯看剑亮

自南渡以来，倏忽已过近30年光阴，从宦海浮沉到落定山野田园，从大愿深藏到官场恪尽职守，从我行我素到谙熟人情世故，从行侠仗义到结交文朋诗友，辛弃疾可谓经历丰富，也阅人无数。

在他交往的人当中，“往来无白丁”自不待言，而在那些“谈笑有鸿儒”中，既有权倾一方的朝廷大员，也有学富五车的翩翩学者，更有志向相近的主战派和同气相求的诗人，其中，最让辛弃疾倾心而引为知己的还是陈亮。

自从淳熙五年（1178）辛弃疾在朝中任大理寺少卿时和陈亮相识，两人每次见面都谈得十分投机。然而，这些年宦途奔忙，历经跌宕，他和陈亮已经多年未曾谋面。作为一个时代奇才和命中注定的叛逆者，陈亮这些年来更是屡遭困顿，命运不济，常常为世人所不容。每一次有他不好的消息传来，都让人为之心焦，扼腕叹息。与此同时，辛弃疾对他的想念之情也日趋强烈。

淳熙十五年（1188）冬日，辛弃疾在铅山期思别墅小住。这天，他用过早餐，来到二楼登高望远。竹林仍绿，山色清新，空气冷冽，天空仍飘着淅沥的小雨。连着几天的雨水使山溪水量大增，在期思渡口，芦河水已漫过桥面，急流冲击着桥墩，激起一两米高的浪花。

这时候，他看见远处渐渐出现一个骑者，经过泥泞的山间道路，向期思渡而行。一匹枣红色的骏马驮着来人离开官道，拐上往瓢泉来的小道。

远远看去，骑者一身素衣打扮，身材颀长，腰间挂着一把长剑。雨下得越来越大，骑马人很快就到了桥前。但那匹马面对水流翻卷的桥面，犹豫着不敢向前迈步。骑者先是抖动缰绳，使劲往上引领着马头，想让它一跃而起，跳过桥面积水。几次都失败后，骑者只得又用缰绳使劲抽打马身，想让它赶紧淌水过桥。那匹马就像中邪一样，踟蹰着踏上小桥，一碰到冰冷的河水便又退回去，不停地踢踏着四蹄。就这么几次三番，马背上的骑者有些焦躁，却终于没能如愿过得桥去。

那骑者跃身下马，快步跨上桥面，几步就来到河的另一边。再看那来人的身量和面目，辛弃疾心里一阵悸动，赶紧转身下楼。

辛弃疾强烈地意识到，是陈亮来看他了。

在短暂的人生旅途中，所有的过往如缥缈的云烟，使人难以把握，友情也是如此。

十年前发生在临安的很多事情，此刻一幕一幕从辛弃疾眼前闪过，如在昨日。

陈亮连续三次给皇帝上书，痛批以秦桧为代表的投降派和朝中权臣，点名道姓，直言不讳，犀利尖锐，得罪了一大批人，招致打击报复。刚回到老家金华不久，就有人控告他，结果他被刑部以“言涉犯上”罪拘捕，施以酷刑，“笞亮无完肤”。孝宗皇帝得知此事，赶紧下诏，陈亮才侥幸逃过一劫。当他再次回乡后，又发生家童杀人案件，仇家遂控告是陈亮指使，结果他和父亲一起被下大狱。后因丞相王淮和好友辛弃疾等人从中斡旋，陈亮才又得免死。

虽然两次入狱，平日里又有朝廷权臣的长期打压，但这并没有使陈亮有丝毫的屈服和惧怕。与此同时，随着时间推移，他秉性如初，恢复中原之志反而愈来愈坚定。淳熙十五年（1188）年中，陈亮还专门到建康、镇江等地观察地形。他登上镇江北固山上的甘露寺，心潮翻涌，遂写下《念奴娇·登多景楼》：

危楼还望，叹此意，今古几人曾会？鬼设神施，浑认作，天限南疆北界。一水横陈，连岗三面，做出争雄势。六朝何事，只成门户私计。

因笑王谢诸人，登高怀远，也学英雄涕。凭却长江，管不到，河洛腥膻无际。正好长驱，不须反顾，寻取中流誓。小儿破贼，势成宁问强对！

陈亮主张不要把长江仅仅当成阻隔南北国界的屏障，而应该把它作为北伐中原、收复失地的起点，选定时机，渡越大江，长驱直入，彻雪国耻。

同样一个地方，同样一种心情，同样是通过诗歌尽情抒发。陈亮写下这首词时没有想到，17年以后，辛弃疾也来到这里，吟出一首名垂青史的《永遇乐·京口北固亭怀古》。

在陈亮境遇落魄时，很多人和他断绝来往，辛弃疾却仍然经常去函安慰并赋诗相赠。陈亮面临牢狱之灾，又是辛弃疾疏通关系从中回旋，竭力挽救。这一切，都在陈亮的内心深藏。

在陈亮眼里，辛弃疾这样的文武全才并决意北伐的志士，正是他难得的挚友。牢狱困厄，朝廷冷落，众人排挤，种种挫折与疏离，使得陈亮每每想起多年未见的辛公，都感觉有一肚子的话要说，有满腔的热情要表达。这种念头一旦生成，对陈亮这种性格的人而言，就必须立即行动，不能有丝毫的耽搁。

于是，陈亮跨上骏马，风餐露宿，日夜兼程，直奔江西铅山而来。

旧友相见，免不了忘我交谈，开怀畅饮，针砭时弊，议论朝廷。辛弃疾少年英武，早早经历了戎马生涯，虽经历官场起伏但性情未变。陈亮从出道就天马行空，特立独行，虽身经磨难却锐志不减当年。这样两个人聚到一起，倾诉起多年未晤之感慨，抒发出胸中无处言说之块垒，责怪起朝廷的无能，其用词之尖刻，其气氛之热烈，可想而知。

对酒当歌，直到大醉方休，一夜无话。第二天一早起来，两个人来到铅山县的鹅湖书院，静候另一个朋友的到来。

原来，陈亮这次来看辛弃疾，还有一个愿望，就是希望辛弃疾能和他一起去铅山的鹅湖书院见见朱熹。而且，来之前，他已经和朱熹通过书信约好了相会的日期和地点。

很多年前，辛弃疾任建康通判时，曾经在吕祖谦的陪伴下与朱熹见过面，只是以后没有更多的交流。后来，辛弃疾在湖南任上，还专门因辛忠的货物被扣一事给朱熹写过信，请他关照放行。而现在，经过这么多年，朱熹已经成为理学大家，其声名远播海内，辛弃疾也很想利用这次机会，向他当面请教并探讨一些问题。

山不在高，有仙则名。这句话用来形容鹅湖山再贴切不过。鹅湖山

鹅湖书院

海拔690米，坐落于江西铅山县永平镇北七八公里处。

鹅湖山原名荷湖山，说是山上原有一湖，多生荷，夏日荷花盛开十分好看，故名荷湖。后又传山上一户人家畜有红鹅一对，常年在荷湖里觅食嬉水，有一天腾空而去，再没复返，人们谓之仙鹅升天，鹅湖之名因此而生。山下的鹅湖寺创建于唐代大历年间（766~779），初名仁寿院，后改称鹅湖寺。

辛弃疾第一次到鹅湖，是淳熙十三年（1186）春天的四月，那时节田地刚刚翻耕，一场雨过后，林边草地上一片新绿，到处开放着荠菜花、苦菜花，树林和山体都变得清新无比，牛舍里的水牛哞哞地叫着，一个穿着黑裙白衣的女子从田间小路上走过，他的脑海里立即闪过苏轼的诗句："青裙缟袂於潜女，两足如霜不穿屦。觰沙鬓发丝穿杼，蓬沓障前走风雨。"

那一次，辛弃疾特别高兴，喝得大醉，就在墙壁上题下《鹧鸪天·游鹅湖，醉书酒家壁》：

春入平原荠菜花，新耕雨后落群鸦。多情白发春无奈，晚日青帘酒易赊。

闲意态，细生涯，牛栏西畔有桑麻。青裙缟袂谁家女，去趁蚕生看外家。

另外一位后来的南宋诗人喻良能也曾经专门有诗《鹅湖寺》：

长松夹道摇苍烟，十里绝如灵隐前。

不见素鹅青嶂里，空余碧水白云边。

氛埃乍脱三千界，潇洒疑通十九泉。

五月人间正炎热，清凉一觉北窗眠。

可见，在诗人眼里，鹅湖寺隐约间有杭州灵隐寺的幽深和隐秘。而正是这样一处世外桃源之地，在热心人的联络下，吸引来了几位理学大儒。

一位是朱熹。朱熹字元晦，又字仲晦，号晦庵，晚称晦翁，祖籍徽州府婺源县（今江西婺源），南宋著名理学家与诗人，闽学派代表人物，儒学集大成者。他著述甚多，有《四书章句集注》《太极图说解》《通书解说》《周易读本》《楚辞集注》等，其中《四书章句集注》成为历代钦定的教科书和科举考试标准。朱熹强调“格物致知”，即推究事物的原理，从而获得知识。他主张多读书，多观察事物，根据经验加以分析、综合与归纳，然后得出结论。他认为心与理是两个不同的概念，理是本体，心是认识的主体。

朱熹

陆九渊

另一位是陆九渊。陆九渊字子静，抚州金溪（今江西省金溪县）人，南宋哲学家，又因讲学于贵溪象山书院，被称为“象山先生”或“陆象山”，为宋代“心学”的开山之祖，与朱熹齐名。主“心（我）即理”说，言“宇宙便是吾心，吾心即是宇宙”，“学苟知本，六经皆我注脚”。他和哥哥陆九龄都从“心即理”出发，认为格物就是体认本心。主张“发明本心”，心明则万事万物的道理自然贯通，不必多读书，也不必忙于考察外界事物，尊德性、养心神是最重要的。他俩认为心与理是一回事，坚持以心来统贯主体与客体。

同为南宋理学家的吕祖谦，出于调和朱陆之间的不同，以使他们能“兼取其长”，着意组织了一场朱熹和陆氏兄弟面对面的商榷。淳熙二年（1175）五月，在吕祖谦主持下，中国古代思想史上第一次著名的哲学辩论会得以实现，史称“鹅湖之会”。

可以想象当时的动人画面，四位大儒坐在一起开始辩论，舌灿莲花，引经据典，彼此滔滔不绝，互相诘问设疑，不时相与激辩，谈到兴浓处甚至吟唱和诗。据说，当时有不少当地的文人名流前往围观。这场旷世的辩论会一连进行了三天，最后算是打了个平手，谁也没有说服谁。尽管如此，但各方通过这次辩论大会的分歧产生新的认知，也都不同程度地反观自身，有所吸纳与调整。

辩论过后，朱熹返回武夷山中的武夷精舍，途经一道山岭时，他心情十分愉快、清爽，写下了一首《题分水关》：

地势无南北，水流有西东。

欲识分时异，应知合处同。

算是对这次哲学辩论会发表了心得，也表示出双方有些殊途同归的意味。

但是，时隔十多年之后的这个冬天，陈亮和辛弃疾在鹅湖寺苦苦等待，却没有等到这位本已答应前来的大儒，两个人难免都有些失望。后来他们才知道，朱熹因为有事缠身才未能赴约。

三个人的聚会肯定热闹，但两个人的交流也许更加深刻、投入。

此后，一连十几天，陈亮就住在辛弃疾的期思别墅里，两人或登山远眺，或泛舟漂流，或吟诵佳作，或在汩汩作响的瓢泉旁推杯换盏，真是不亦乐乎。

有一天，一个当地的画家来给辛弃疾画像，等到画像画成，陈亮提笔写下《画像赞》，为辛弃疾不被朝廷重用而鸣不平：

> 眼光有棱，足以照映一世之豪；背胛有负，足以荷载四国之重。出其毫末，幡然震动。不知须鬓之既斑，庶几胆力之无恐。呼而来，麾而去，无所逃天地之间；挠弗浊，澄弗清，岂自为将相之种！故曰：真鼠枉用，真虎可以不用，而用也者，所以为天宠也。

陈亮的字里行间都表达出对猛虎之才被放逐乡野的深切遗憾，既是对好友的慰藉，也透露出对自身际遇的惋惜。所谓惺惺相惜，同声相求，不过如此。

美好的时刻总是短暂，很快就到了两个人告别的时候。

分手的头一天，两个人又一次喝得酩酊大醉。第二天一早，陈亮早早起来，不辞而去。

大醉过后，如经历一场大病。辛弃疾浑身酸软，坐在楼上，望向窗外。赫然间，那天风雨交加时刻陈亮踏水而来的情形闪现眼前。辛

期思别墅后面上山的小径

弃疾心中一惊，忽然想起了什么，疾步下楼，策马就向着陈亮辞行的东北方向驰骋而去。

他想，应该挽留陈亮再多住几天，还有很多话没来得及对他说，还有很多北伐的计划和奇思妙想没来得及和他细细商讨，还有很多希望他今后不要再得罪小人的嘱咐没来得及交代。

辛弃疾快马加鞭，一直追出了数十公里，来到鹭鸶林的时候，天色向晚，一场大雪飘然而至，无法继续前行，他只得就近到泉湖四望楼客栈投宿。

望着雪中泥泞不堪的道路，思虑着前途未卜的挚友，听着使人心碎的孤绝笛音，一阵彻骨的悲凉袭上心头，遂作《贺新郎》：

把酒长亭说。看渊明，风流酷似，卧龙诸葛。何处飞来林间鹊，蹙踏松梢微雪。要破帽，多添华发。剩水残山无态度，被疏梅，料理成风月。两三雁，也萧瑟。

佳人重约还轻别。怅清江，天寒不渡，水深冰合。路断车轮生四角，此地行人销骨。问谁使君来愁绝？铸就而今相思错，料当初，费尽人间铁。长夜笛，莫吹裂。

五天后，陈亮在家乡获悉辛弃疾又作新词，便来信索要，随即便依韵和得一首《贺新郎·寄辛幼安，和见怀韵》：

老去凭谁说？看几番，神奇臭腐，夏裘冬葛。父老长安今余几？后死无仇可雪。犹未燥，当时生发。二十五弦多少恨，算世间，哪有平分月。胡妇弄，汉宫瑟。

树犹如此堪重别！只使君，从来与我，话头多合。行矣置之无足问，谁换妍皮痴骨？但莫使，伯牙弦绝！九转丹砂牢拾取，管精金只是寻常铁。龙共虎，应声裂。

诗歌创作有诸多神奇之处，其中一点就是有时你投入很大精力写就的作品，倒不如哪一天兴之所至、信手拈来的艺术成就高，而那些情之所至、感而为诗的作品中，说不定哪一篇就成了名作。因为，和别的文体截然不同，诗歌是灵感的产物。

这样的意外之喜，就再次出现在辛弃疾笔下。

收到陈亮的作品后，辛弃疾又填写《贺新郎·甚矣吾衰矣》作为回赠，这里面就出现了人们耳熟能详的“我见青山多妩媚，料青山见我应如是”：

甚矣吾衰矣！怅平生，交游零落，只今余几？白发空垂三千丈，一笑人间万事。问何物，能令公喜？我见青山多妩媚，料青山见我应如是。情与貌，略相似。

一尊搔首东窗里。想渊明停云诗就，此时风味。江左沉酣求名者，岂识浊醪妙理！回首叫，云飞风起。不恨古人吾不见，恨古人不见吾狂耳。知我者，二三子。

两位诗人就像是两座清新峭拔的青山，互相看见对方，看见对方的美好，看见对方的远大抱负。

没想到的是，辛弃疾一再担心的事儿还是发生了。

这一次回到临安，陈亮还是按捺不住，再次上疏皇帝，建议“由太子监军，驻节建康，以示天下锐意恢复”，结果又一次触怒众多官僚，纷纷欲置之于死地。等他回到金华，一次宴会上，有人在他的汤碗中下了毒药，同座的人猝死，陈亮虽躲过一劫，却因此再吃官司，被下大理寺狱。后经友人在皇帝面前求情，才又逃过一劫。

那一段时间里，只要是酒后，喝得稍微多一点，辛弃疾就会想起陈亮。对他而言，朋友很多，有的倒也能生死相托，但是像陈亮这样志趣相投、才分相近，同时还都毕生执着于收复中原的至交，便少之又少了。两个人每次在一起，互相之间都有一种电光石火般的激情碰撞，谈到高兴处，恨不得手舞足蹈。只可惜时空阻隔，各自一方，不能经常相伴相随，切磋交谈。然而，在这样的友情之间，思念与诗情的迸发有时会猝然降临。

一天夜晚，辛弃疾酩酊大醉，他又想起了陈亮，再联想到自己多年的官场际遇和未竟的北伐事业，不禁心潮澎湃，他从书房墙上取下棠溪宝剑，明亮的剑光晃得他一个激灵。

朦朦胧胧中，他似乎回到了年轻时代挥斥方遒的疆场，仿佛回到了当年的起义军大营中，遍地狼烟，千军万马奔腾不息，耳边呼啸而过的，是众人的怒吼声，战马的嘶鸣声，还有猎猎的风声。他目不转睛地盯着那把剑，他看到它在颤动，在前行，在扬起，在抬高，就要离开他飞腾而去。刹那间，它又猛转朝下狠劈，就在快要接触到地面时，只听唰的一声，它快速向前刺去。不知不觉间，辛弃疾的身体跟着那把剑舞动起来，前后左右，起伏伸展，上挑下劈……他的身心和那把剑已经合二为一，他的悲愤和痛苦，他的昂扬与激情，都聚集在那把宝剑之上。

对南宋的忧愁紧锁在辛弃疾的眉头

最后，他内心郁积已久的如岩浆般的情绪，都随着那把剑的飞扬挥舞，化作一声震天动地的呐喊，传入瓢泉上方的茫茫夜色。

就在那晚，他放下宝剑，提笔在手，写下了这首传世名作：

醉里挑灯看剑，梦回吹角连营。八百里分麾下炙，五十弦翻塞外声，沙场秋点兵。

马作的卢飞快，弓如霹雳弦惊。了却君王天下事，赢得生前身后名。可怜白发生！

——《破阵子·为陈同甫赋壮词以寄之》

淳熙十五年（1188）之后，辛弃疾两次出山做官，后又被罢免。一回回人生困顿之后，诗人的心渐渐冷如死灰。而他思想深处那不变的故国情，就像是一支搭在满弓上的箭矢，一次次射出，一次次下沉落地，或者弹回。能够陪伴并安慰他身心的，大概只有满腹的豪情和无边浓郁的诗意。

第十二章

心意通大儒　世事总无常

宋光宗

淳熙十六年（1189），做了27年皇帝的宋孝宗赵昚禅位给儿子赵惇，是为宋光宗。两年前，活到81岁的宋高宗赵构去世。而现在，宋孝宗也学起自己的父亲赵构，过起太上皇的日子。和宋孝宗相比，宋光宗的才和德都逊色不少。虽然在继位之初，他也摆出过一副革故创新的姿态，但很快就听信谗言，荒废了朝政。除南宋末年的那两个未成年的小皇帝外，赵惇不光成为南宋9个皇帝里差不多最平庸的一位，甚至还闹出不少笑话。

新皇帝登基总要出现一些新的气象，哪怕只是灵光一闪。

因为兵部尚书赵汝愚的推荐，绍熙二年（1191）冬天，已经52岁的辛弃疾被朝廷任命为福建路提点刑狱公事兼代福建路安抚使。知道这个消息后，辛弃疾先告诉了朱熹。朱熹听闻后很高兴，马上给他写了一封贺信："卓荦奇才，疏通远识。经纶事业，有股肱王室之心；游戏文章，亦脍炙士林之口。"

几年前，辛弃疾和陈亮在鹅湖寺没有等到朱熹，这一次正好可以顺道去看望一下他。第二年春天，辛弃疾借赴福州上任的机会，到武夷精舍拜访朱熹。

朱熹热情地接待他，并陪他尽情游览武夷山各处奇峰妙水。辛弃疾兴致极高，竟然兴奋得一口气写了10首七绝。

朱熹非常了解辛弃疾的为人和作风，临分手时，他语重心长地赠给辛弃疾三句话："临民以宽，待士以礼，御吏以严。"

辛弃疾来到福州任上，立即着手整顿公务。这一期间，他主要干了三件事。

福州位于东南沿海，大部分地区疏于管理，以往的几届官员往往手段柔弱，奏效甚微。

辛弃疾这次到来，一来有朱熹的临行嘱咐，二来"严苛"本就是他的强项，所以，他得以再次大显身手。

首先，他将一批已经抓获的江洋大盗和恶霸豪强全部处死，杀鸡儆猴，福建路的治安风气马上为之一转。

其次，就是在福州切实推行"经界"。所谓经界，简言之就是田地的分界。《孟子·滕文公上》曰："夫仁政必自经界始，经界不正，井地不均，谷禄不平。""经界"就是要界定好土地产权，给百姓减负。这就是"临民以宽"的政治主张。当时的福建，大部分土地都集中在一些地主豪强手中，但他们却享受着免税、免役等特权，相比之下，平民百姓却辛勤劳役，度日如年，苦不堪言。辛弃疾推行"经界"，直接触及豪强地主的利益，遭到他们的强烈反对。

最后就是推行"盐法"。福建食盐的价格高、质量差，私盐贩子趁机活跃，从中赚取厚利，百姓怨声载道。辛弃疾经过深入调查，写成《论经界钞盐札子》上奏朝廷。朝廷虽然很快批复下来，相关策略可以施行，但时任丞相留正等人，已经开始充当那些豪强恶霸的宫廷代言人，对辛弃疾极尽诬陷与攻击之能事。

绍熙四年（1193）二月初，宋光宗在杭州召见辛弃疾，这还是辛弃疾第一次见到光宗皇帝。召见例行公事一样进行完毕，辛弃疾看到的光宗皇帝面色憔悴，说起话来有气无力。谈话中，皇帝装模作样地问到关于南宋与金国之间的战争与防守事宜，但辛弃疾能明显感觉到，皇帝只是象征性地走走过场，对此并没有真正的兴趣。

亲眼见过光宗皇帝后，本来就没抱多大希望的辛弃疾就更加失望了。

不久，辛弃疾受命为太府卿，入京履职。要说这太府卿官职也不低，从五品上，但却没什么实权，只负责主管库藏、商税等事。半年后，辛弃疾又以朝散大夫加集英殿修撰的身份，知福州，兼福建安抚使。

再次来到福州任职的辛弃疾，还是一厢情愿地认为，可以大力推行自己原来设想并论证已久的“经界”和“钞盐法”。但事实的残酷还是超出他的想象。不光朝廷里有人反对，在福建官场上，大量的官吏也都因自身利益纠缠其中。这些人能够知道朝廷的任何风吹草动，也能够及时了解皇上的态度，对辛弃疾便是表面一套背后一套，并不真正着力进行土地所有权清查和钞盐工作。此时，朝中的反对派趁机煽风点火，致使辛弃疾很多改革都半途而废。

辛弃疾有些心灰意冷，不再想流连于无为的官场。于是，他向皇帝递交了辞呈。但是，皇帝没有允许，他也就只好继续待在任上，尽力做着自己分内的事情。

工作之余，他依旧尽览福州山水并赋诗填词。也许只有在大自然的怀抱里，他才能彻底放松自己。

他十分喜欢福州的西湖，并高兴地称之为“小西湖”，为它一连写了四首词。

就在辛弃疾无心留恋官场的当口，他的家里还发生了一件令他很是不快的事情。

知道辛弃疾有归隐田园的想法后，已经30多岁的大儿子辛稹给辛弃疾写了一封信，其大意是，希望父亲考虑能在现有的职位上多干几年，好给后代多留些产业。

辛弃疾看后十分生气，大骂几声“不肖子孙”后，随即写下《最高楼》一词来回应和教育儿子：

吾衰矣，须富贵何时？富贵是危机。暂忘设醴抽身去，未曾得米弃官归。穆先生，陶县令，是吾师。

待葺个园儿名佚老，更作个亭儿名亦好。闲饮酒，醉吟诗。千年田换八百主，一人口插几张匙？便休休，更说甚，是和非。

作为辛弃疾的儿子，辛稹有那样的想法也可以理解。只不过对辛弃疾而言，多年的宦海沉浮早已使他心凉，越是临近后来，这种失意就越是清晰、强烈。但与此同时，在他内心深处，似乎总还是有些不解和不甘。

在这样的心境下，再看到儿子的信，难免会如此不快。

这一年还发生了一件事，那就是命运多舛的好友陈亮终于时来运转。之前，他多次参加科举考试都名落孙山，但这一次，已经51岁的陈亮在参加礼部的进士考试时，居然被皇帝看中，将他圈点为状元。

按照惯例，陈亮给光宗皇帝写了一首《及第谢恩和御赐诗韵》：

云汉昭回倬锦章，烂然衣被九天光。

已将德雨平分布，更把仁风与奉扬。

治道修明当正宁，皇威震叠到遐方。

复仇自是平生志，勿谓儒臣鬓发苍。

随后，陈亮被任命为建康军节度判官厅公事。然而，对于陈亮而言，这个状元头衔和官场任命都来得太晚了。这些年来，残酷的命运折磨，激烈的精神燃烧，已经将他的生命之火消耗殆尽，再也没有多余的精气神来承担这姗姗来迟的荣耀与权力。

转过年来不久，春天还没有结束，陈亮还没来得及去上任，就在一天夜里悄然辞世。

世事无常，真是让人唏嘘。如果陈亮知道自己的生命会在这样一种状态下落幕，不知道他还会不会像过去那样桀骜不驯、风火雷电地飞度他的岁月。

陈亮死后，辛弃疾写下一篇痛心疾首的《祭陈同父文》：

……智略横生，议论风凛。使之早遇，岂愧衡伊。行年五十，犹一布衣。间以才豪，跌宕四出……中更险困，如履冰崖，人皆欲杀，我独怜才……盖至是而世未知同父者，益信为天下之伟人矣……闽浙相望，音问未绝，子胡一病，遽与我决！呜呼同父，而止是耶？而今而后，欲与同父憩鹅湖之清阴，酌瓢泉而共饮，长歌相答，极论世事，可复得耶！

“人皆欲杀，我独怜才”，的确说出了辛弃疾对陈亮的真情实感与评价。

这一年还发生了一件大事，那就是南宋被迫又迎来一次迫不得已的改朝换代。

绍熙五年（1194）六月，宋孝宗去世。当年宋高宗去世两年后，宋孝宗模仿他将皇位内禅给宋光宗。现在宋孝宗死了，按照前例，宋光宗应该考虑立太子并逐步让位给后人。但这位皇帝既拒绝主持太上皇宋孝宗的葬礼，又不愿明确立下太子，再加上他之前一系列对太上皇的不探望不恭敬之举，引起朝廷上下的极度不满。

七月五日，知枢密院事赵汝愚与韩侂胄在太皇太后的支持下，瞒着宋光宗赵惇，给他的儿子赵扩披上象征皇权的黄袍，将生米做成熟饭，这就是宋宁宗的诞生。新皇帝一边哭着闹着不敢登上皇帝的宝座，而另一边的宋光宗却还毫不知情。直到第二天，新皇帝在韩侂胄陪同下来给老皇帝问安，宋光宗赵惇才知道实情，接着将头扭转朝里，不再说话了。

本来就多少有些畸形的南宋朝廷，就在这样十分类似于唱戏的桥段中，完成了它最重要的一次皇权转换。回首往事，宋光宗前后只做了5年皇帝，就“被”禅位了。

宁宗继位不久，朝廷中对辛弃疾不满的权贵势力又合成一处，趁着新皇帝还没有完全掌握情况，就对他进行大肆诬陷、攻讦，并罗织诸如滥杀无辜、贪赃枉法及私设金库等罪名。新皇帝轻易就听信了这些诬告，将辛弃疾罢免，只给他留下一个主管建宁府武夷山冲佑观的虚职。

对于退意日浓的辛弃疾来说，官职被免虽不是求之盼之，但也总有些顺其自然的意思，以此获得真我的自由状态。

辛弃疾很快就回到上饶，在他的带湖庄园里尽情享受着田园生活。虽说不上如梦如仙，起码也是丝竹袅袅，歌舞升平，尽享家庭与诗词之乐。

南宋庆元元年（1195）春，铅山瓢泉的庄园终于建成，辛弃疾高兴地立即赋诗一首：

新葺茅檐次第成，青山恰对小窗横。去年曾共燕经营。

病怯杯盘甘止酒，老依香火苦翻经。夜来依旧管弦声。

——《浣溪沙·瓢泉偶作》

和变化莫测的官场相比，带湖和瓢泉都是无忧无虑之地，但是，随着年龄渐加，人生的另一种苍凉遂接踵而至。

可能是老天爷看到辛弃疾在带湖拥有这样的好山好水好庄园，整日过着无忧无虑的田园生活，多少有点羡慕嫉妒恨了，于是施展神秘手段，介入改变着眼前的一切。

庆元二年（1196）六月，不知道出于什么原因，辛弃疾苦心经营的带湖居所，居然在夜间燃起一场莫名的大火。慌乱之中，辛弃疾带领家人、仆役和丫鬟，拿着铁桶、木桶和瓢盆，直接从带湖中取水灭火。但无奈火势太大，又加上那夜狂风大作，根本无济于事。最后，人们只能望火兴叹，眼睁睁看着恶魔般的火焰将这一座充满诗情画意的园林别墅烧得精光。

看着辛弃疾痛心疾首的样子，家里不少人都流下伤心的泪水。

大火之后，辛弃疾的心境黯淡至极，接着就生下一场大病，连最喜欢的酒都不能喝了。

这场大火一下子烧掉了他多年的心血与积蓄，给他留下一片家园和人生的荒芜，连家里唱歌的女伶都养不起了，只能让她们各自回家。

养病期间，辛弃疾带着自嘲的心情写下这样一首词：

我亦卜居者，岁晚望三间。昂昂千里，泛泛不作水中凫。好在书携一束，莫问家徒四壁，往日置锥无。借车载家具，家具少于车。

舞乌有，歌亡是，饮子虚。二三子者爱我，此外故人疏。幽事欲论谁共，白鹤飞来似可，忽去复何如？众鸟欣有托，吾亦爱吾庐。

——《水调歌头·将迁新居不成，有感戏作》

带湖已经变得残破不堪，石头变黑，湖水被污染，树林和苗木都化为灰烬。与其费时费工将这里重新修建，倒不如在别的地方另起炉灶。再说，带湖的房屋规模不小，完全重建也没有那么大的财力。而铅山的期思别墅早已修得初具规模，只要稍加增建即可入住。此外，自从辛弃疾发现瓢泉之后，经常抽出时间到那里小住，感觉那里的环境在有些方面比带湖还要略胜一筹。

于是，辛弃疾举家迁往铅山的瓢泉居住。

继上饶带湖之后，多年的瓢泉隐居生活开启。一个曾经叱咤疆场的将领，一个励精图治的官员，一个抱打不平的志士，一个志在恢复故国的爱国将领，从此偃旗息鼓、心平气和地在这一片青山绿水间安静下来，访亲会友，吟风弄月，宴饮欢聚，写诗填词。

宋朝的婚姻制度允许纳妾，官宦和富豪人家的男子除娶正房之外，多纳有数目不等的小妾。这些小妾有的来自良家，有的是从丫鬟收纳而来，也有个别来自宋朝一度比较发达的风月场所。诗人向来属于多情人，辛弃疾自然也不例外，加上他的官员身份，生意上因经营有方而收入丰厚，除夫人范采苹外，还收有几房小妾。

随着年龄的增长，身体逐渐衰弱，再加上心情的每况愈下，几个小妾中，有的被他送人，有的被送回原籍家中，除林落茵外，只剩下飞卿、田田、钱钱等，一起带着尚小的子女。辛弃疾一共育有九个孩子，七男两女，除了前面提到的，还有辛秸、辛褎和辛赣，最小的孩子早殇。“秸”是指庄稼收割后的茎，“褎”是禾苗渐长的样子，“赣”是指木质器皿。

现在，他们大部分都已长大，有的成家立业，有的开始在官衙中任职，剩下的几个孩子和辛弃疾、范夫人一起居住在瓢泉别墅。

在铅山居住的时间长了，性情豪迈、乐善好施的辛弃疾也交下不少新朋友。

傅为栋是铅山县的一位富翁，却和其他有钱人不一样，一遇到旱涝灾害，总是率先赈济穷人，因此在当地拥有很好的声誉。因为富有，所以任性，傅为栋经常设宴邀请名人文士，辛弃疾自然是座上常客，谈笑应酬，不亦乐乎。

赵蕃是一位小有成就的诗人，他的诗曾受到杨万里、朱熹的称赞，为人淡泊名利，曾在外做过小官，后隐居铅山。

还有一位叫吴绍古，是陆九渊的学生。辛弃疾移居瓢泉时，他正是铅山的县尉，经常和辛弃疾饮酒作诗，酬唱应答，寻古访幽。即便是他离开铅山之后，两个人的交往也没有中断。

辛弃疾心中念念不忘的，当然还是那些志同道合的老朋友。

此时，朱熹已成长为一位思想大师，名声遍及朝野上下。在南宋，

赵汝愚

大批知识分子因为受到朝廷偏安状态的影响，其收复中原的志向得不到舒展，只能转而向身心修养和道德建构方面求寻答案，朱熹的追随者也就越来越多。而这种情况，却是朝廷所不愿意看到的。

在朝中，韩侂胄因拥立宋宁宗赵扩即位有功，官至太师、平章军国事，位极人臣。他将右相赵汝愚视为自己独揽大权的绊脚石，便开始想方设法排挤赵汝愚，诬陷其“倡引伪徒，谋为不轨”，诱使皇帝将他贬为宁远军节度副使，谪放永州（今湖南永州市）。赵汝愚对前途预感不妙，就对前来送行的人说：“看样子，如果我死了，你们方能没事。”庆元二年（1196）正月，赵汝愚走到衡州，身体出了状况，衡州守臣钱鍪受韩侂胄指使，对他百般刁难和折辱，赵汝愚遂于二月二十日突然身亡。也有人说赵汝愚是被下毒害死的。

消灭了政治上的劲敌后，再来打击文化上的对手。

韩侂胄想方设法禁绝朱熹理学，史称“庆元党禁”。他担心朱熹一派在影响上日益扩大，便攻击他们借研究学问的幌子施行政治上的阴谋，将理学定性为“伪学”，并怂恿皇帝予以大力打击。不言而喻，朱熹当然是“伪学之魁”。结果，那一段时间，凡是地方向朝廷推荐的官员，一律须先证明这些被荐之人不是“伪学禁党”，连地方进行的乡试，参加者必须先说明自己与“伪学禁党”没有关联。

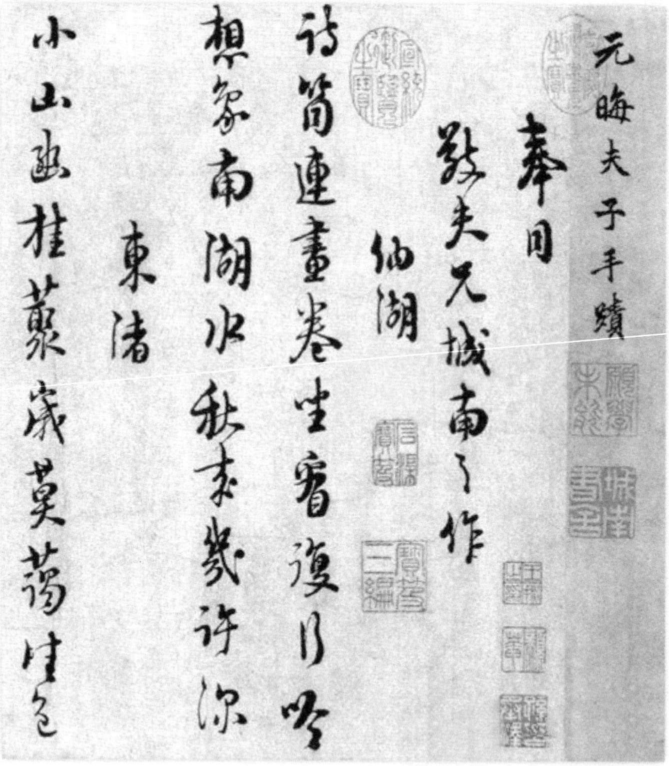

朱熹手迹

到了庆元三年（1197）冬天，朝廷又宣布了一个“伪学禁党”名单，包括赵汝愚、朱熹、周必大、吕祖谦、叶适等，共59人。这些人里面，赵汝愚去世近两年，而吕祖谦则已离开人世16年。这种阵势很像北宋末年宋徽宗在蔡京唆使下发起的“元祐党籍碑”事件，那次“清剿”的主要对象是司马光和苏轼。两者相隔将近100年，性质和形式却如此相似，真是历史的重演。

被迫戴上“伪学”的帽子，朱熹的地位一落千丈，他的门徒有的被抓，有的被流放，许多名流官宦一时对他避之不及，这位理学大师的武夷精舍变得“门前冷落鞍马稀”。但是，却有一个人，顶着巨大的压力，置禁令于不顾，照常与朱熹来往，他就是辛弃疾。

随着这些年的交流，辛弃疾对朱熹的理论了解得越来越多，对他的敬佩之情也日益增加，他曾经由衷称赞朱熹为“历数唐尧千载下，如公仅有两三人”。

庆元四年（1198），辛弃疾恢复“主管建宁府武夷山冲佑观”名义，他就更是经常借故到武夷山去和朱熹见面。

庆元六年（1200），刚刚进入春天，朱熹的足部病情恶化。同时，因为连年操劳，夜以继日著书立说，他患上严重的眼病，此时左眼已完全失明，右眼也快看不见了。然而，他还是要利用剩余的精力整理著述，笔耕不辍。

到三月初九，71岁的朱熹与世长辞。

知道朱熹去世，辛弃疾很是伤感，即赋词一首：

案上数编书，非庄即老。会说忘言始知道。万言千句，不自能忘堪笑。今朝梅雨霁，青天好。

一壑一丘，轻衫短帽。白发多时故人少。子云何在，应有玄经遗草。江河流日夜，何时了。

——《感皇恩·读〈庄子〉闻朱晦庵即世》

而且，这时的辛弃疾更是完全不顾什么禁令，亲自跑到武夷山中去悼念朱熹，并大胆挥毫为他写下祭文：

所不朽者，垂万世名。

孰谓公死，凛凛犹生！

从武夷山回来之后，辛弃疾大醉了一场。

掐指算来，辛弃疾这一生当中不知道醉过多少次了。

青春年少时，他也曾“漫卷诗书喜欲狂”，热情似火的酒水点燃过他生命中最初的激情。到后来，他聚义山林，自然会大块吃肉，大碗喝酒。南渡之后，官场混迹，人情应酬，酒和酒场自然少不了。心情好时，需要烧酒添兴；反之，则也需借酒浇愁，哪怕愁上加愁。

山东人爱酒，酒给山东人增加豪爽的气概；侠客与武士爱酒，酒给英雄增添浪漫色彩；诗人爱酒，酒容易给诗人带来活跃的灵感。这几种因素加在一起，使得辛弃疾和酒结下深厚且缠绵的关系，既由来已久，又源远流长。酒在他的生命中，成为一个须臾不可或缺的精神伴侣。

苏东坡酒量不大，但也十分喜爱这杯中物，并经常有酒后之作。李清照据说酒量不小，特别是晚年时期，常常不得已借酒浇愁。辛弃疾也不例外，他生得高大威猛，身材魁梧，从年轻时就酒量过人，加之性情豪爽，一旦见了朋友或者喝到兴头上，常常一发而不可收，豪饮达旦的情况也不少见。

也正因为如此，辛弃疾有不少诗词都和酒关系密切，其中也不乏名篇，像“醉里挑灯看剑”就是代表。

他还写过这样一首词：

病绕梅花酒不空，齿牙牢在莫欺翁。恨无飞雪青松畔，却放疏花翠叶中。

冰作骨，玉为容。当年宫额鬓云松。直须烂醉烧银烛，横笛难堪一再风。

——《鹧鸪天·用韵赋梅。三山梅开时，犹有青叶甚盛，予时病齿》

虽是写梅花，实则是抒发英雄无用武之地的感慨和无奈。从开始的“酒杯不空”一直到“直须烂醉”，任它一而再，再而三的各种诽谤的“阴风”吹过。

还有一些诗词，是辛弃疾在酒席上即兴创作的。亲朋好友相聚，行行酒令，唱诗和词，辛弃疾在鹅湖的时光，有很多时候都是这样度过的。到了暮春时分，明知春色难留，那就让它在酒杯中常驻吧：

春色难留，酒杯常浅。把旧恨新愁相间。五更风，千里梦，看飞红几片，这般庭院。

几许风流，几般娇懒。问相见何如不见。燕飞忙，莺语乱。恨重帘不卷，翠屏平远。

——《锦帐春·席上和叔高韵》

无论是带湖岁月还是瓢泉时光，喝酒的次数，以及自己独饮的次数都大大增加，当然，醉酒的次数也多起来。

但是，从另一个角度来看，长期饮酒，随着年龄渐大，不管是谁，都多多少少会产生一定的依赖心理，酒精的过多摄入，肯定会给人的身体带来这样那样的不适，辛弃疾也是如此。

好友辞世，境遇孤绝，悠闲是悠闲，但心中的夙愿得不到实现，对于辛弃疾这样的人生勇士，内心深处总有深深的不甘，唯一的也是最有效的宣泄途径就是饮酒。所以，一段时间以来，辛弃疾沉醉酒乡，经常喝得昏天黑地。

这天，辛弃疾又到葛家溪与老友聚会狂饮，一直喝到半夜方回，早已烂醉如泥。第二天醒来时，他迷迷糊糊地仿佛还置身于昨晚饮酒的地方。等到他晃晃悠悠站起身来，猛然看到墙壁上有妻子写的规劝戒酒的话，一下子就被这种亲情深深感动：

昨夜山公倒载归，儿童应笑醉如泥。试与扶头浑未醒，休问，梦魂犹在葛家溪。

千古醉乡来往路，知处，温柔东畔白云西。起向绿窗高处看，题遍，刘伶元自有贤妻。

——《定风波·大醉归自葛园，家人有痛饮之戒，故书于壁》

朱熹死后，伴随着一场大醉，辛弃疾再次病倒，心情和身体都坏到了极点。从那以后，范采苹和家里人就更是劝他戒酒。而他本人也很想戒酒，并向夫人保证绝不再饮酒，甚至写下过戒酒的诗词。无奈这么多年来，他和酒的确结下了深厚的感情，几天不喝有时也能做到，一旦酒瘾来袭，却难以抵挡它强大的诱惑。有时候，他会想到陶渊明，也会有和他一样闲散的心情，一样的戒酒情结：

万事纷纷一笑中，渊明把菊对秋风。细看爽气今犹在，惟有南山一似翁。

情味好，语言工。三贤高会古来同。谁知止酒停云老，独立斜阳数过鸿。

——《鹧鸪天·和昌父》

不喝酒的时候，有了心事，有了空闲，只能一个人孤独地站立于斜阳照射的旷野，一下一下，一只一只，一阵一阵，数着天空深处那些飞翔而过的鸿雁，来宣泄心中无边的郁闷。

连着好几年，辛弃疾都和家人住在瓢泉，只是偶尔会短暂离开这里。过去的离开都是为心中理想奔波，经过这么多年的跌撞磕碰，现在的离开已变成对另外时间、光景的浏览。

这么多年的艰难困苦与顿挫悲伤，他都经历得太多。

那么多的皇帝面孔，走马灯似的在他面前晃来晃去。从高宗、孝宗、光宗再到宁宗，辛弃疾也都见识过，也都上疏过，其中，有的还召见、咨询过他，有的短暂重用过他，有的对他寄予过希望。从20岁南归到成为一个60多岁的年迈老者，现在他才知道，比起收复国土来，对皇帝而言，皇权的稳稳在握更重要，利益的长久丰厚更重要，自身的享乐安逸更重要。继承于数千年的文化传统和朝廷礼制，庞大的国家利益系于一人身上，周边人的诉求，想方设法的曲意逢迎，加上本人欲望的驱使，人性的限制，利益的困束，都使得皇帝们往往走向背离国家和人民利益的另一面。

当然，他仍然抱有希望，希望皇帝能幡然猛醒，希望大臣们能齐心协力，希望南宋和金国对峙的格局能有利好的转变，所以他一次次踏上征程。然而，与以往不一样的是，现在他有了瓢泉，一旦在外受到打击，遇到挫折，有了困顿，出现迷茫，他都不会像以前那样纠结、矛盾、痛苦、愤恨，乃至绝望，因为他拥有瓢泉。

甚至，有时候离开时间一久，他就会不自觉地想起这里，想到这里的汩汩泉淌，风吹过竹林的声音，期思居前的河流响动。有时他恨不能早点远离朝廷和官场的那些纷争，回到这里，享受这里的清风、明月、竹林，还有家人的陪伴，孩子的关心，当地百姓的爱戴和呵护。

也就是在这里，辛弃疾经过多年创作历练后，其诗歌思维方式日益成熟与活跃，经常有灵感来袭，一阵风，一棵草，一句话，一声山歌，一个眼神，一个场景，一场雨，都能给诗人带来不一样的感觉。

从瓢泉往西不远就是鹅湖，离开期思居，过芦河，再往西，就踏上了那条官道。他曾经从那里出发，又从那里回来，回到这个温暖的家，他晚年灵魂的居所，一位千古诗人的“故乡”。

然而，随着自然和命运的规律，很多事物和人正在渐渐离他远去。

南宋嘉泰元年（1201）的春天，76岁的辛忠去世。从灵岩寺举义直到带湖和瓢泉，辛忠跟在辛弃疾身边，长达40年之久，从并肩作战到官场参谋，从家族管理到贸易经营，辛忠都任劳任怨，无怨无悔。可以说，在辛弃疾的一生中，辛忠的陪伴弥足珍贵。两个人虽然地位有别，但这么多年的不离不弃，使他们之间已经建立起和亲人一样的深挚感情。辛忠的离去，使得辛弃疾伤心了好长一段日子。

到了这年秋天，61岁的范采苹得了重病，不久就去世了。从南渡之初和范采苹相遇结婚，两个人相依为命已经30多年，有时聚在一起，却也是离多聚少。范采苹知书达理，凡是他想做的，夫人都给予鼓励，一旦落魄失意，她总是关心备至。尤其是到晚年，收复中原的愿望一年年落空，辛弃疾已经无心于政治抱负而全身心回归田园，夫人更是寸步不离陪伴左右，安心家务，相夫教子，没有一日得闲。

现在，夫人先他而去，那种悲痛是无法用语言形容的。

将夫人安葬于阳原山中，辛弃疾连着一个多月都觉得茶饭无味，

辛弃疾与范采苹合葬墓位于江西铅山的阳原山

做什么都提不起精神，在瓢泉各处走动，总会恍惚间看到夫人忙碌的身影。有时候在书房待久了，觉得夫人来呼唤的时候就要到了，又忽然打一个激灵，发现夫人已经辞世多日，一行老泪从辛弃疾的眼角缓缓淌下。

喝酒的习惯又恢复了，很长一段时间里，他都不能从中解脱。

第十三章

山中看陆游　江边神州望

辛弃疾曾在诗中写道："此身忘世浑容易，使世相忘却自难。"

当有人很想在朝廷中承担重任，或者在他所处的时代为国家有所贡献时，却总是有小人在背后鼓噪陷害，而一个个或自私或昏庸的皇帝又很难慧眼识人，量才使用。当有志之士历经磨难终于灰心失望，寄情于山水之间，而皇宫里出自各种利益纠缠，总有人会把别人当成不经意的砝码。

现在，辛弃疾就遇到这种情况。与其说他还没有被皇帝彻底忘记，倒不如说对于那些善于玩弄权贵的人而言，他还有一定的利用价值。

韩侂胄成为权相之后，其势力已经稳固，环顾四周，基本上没有什么大的威胁，皇帝赵扩对他言听计从。韩侂胄当年一手推动的针对朱熹严苛又残酷的"伪学禁党"到现在开始稍微有些松动，赵汝愚也随之被平反。

为了获取更大的功绩，进一步确立自己的地位，某种程度上也是为能够名垂青史，韩侂胄在别人的鼓动下，开始打起抗金复国的主意。如此这般，前朝曾经被排斥的一些主战官员渐渐被重新起用。比如陈贾被委任为兵部侍郎，抗金名将吴挺已于十多年前去世，其子吴曦被任命为四川宣抚副使。也就是在这种情况下，一直作为主战派代表人物的辛弃疾再次回到他们的视野之内。

嘉泰三年（1203）六月，辛弃疾出任绍兴知府兼浙东安抚使，这一年，他已经63岁。辛弃疾在浙东安抚使任上总共也就半年的时间，除了和过去一样尽职尽责，他上任后不久，就悄悄来到绍兴鉴湖三山西村，拜访了一位久闻其名、敬仰多年的老诗人。

这个人叫陆游。

陆游

陆游，字务观，号放翁，南宋文学家，越州山阴（今浙江绍兴）人，生于北宋宣和七年（1125）。当时，陆游之父陆宰奉诏进京，携妻坐船走水路，舟行于淮河之上，妻子生下第三子，因而取名陆游。他从少年时代开始，就受到爱国思想的影响。宋高宗时，28岁的陆游参加礼部考试，不巧的是，碰上与秦桧的孙子同期，受到秦桧的极力排斥。一直到秦桧死后，陆游才得以进入仕途，曾历任福州宁德县主簿、隆兴府通判等职。后陆游上疏，建议整饬吏治军纪，徐图中原。这时候宋孝宗在宫中取乐，陆游的建议没有得到重视。陆游得知后告诉大臣张焘，随后张焘入宫质问，孝宗遂罢陆游为镇江府通判。南宋乾道元年（1165），陆游调任隆兴府通判。又有人进言陆游“结交谏官，鼓唱是非，力说张浚用兵”，朝廷随即罢免了陆游的官职。乾道七年（1171），陆游又任职于南郑幕府，随军来到川陕一带，亲临宋金前线，并提出收复中原的《平戎策》：“收复中原必先取长安，取长安必先取陇右。”后陆游又奉诏入蜀，与范成大相知。宋光宗即位后，陆游升为礼部郎中兼实录院检讨官，不久因“嘲咏风月”罢官，归居故里。

淳熙十三年（1186）春，陆游已经在老家隐居6年，这一年，61岁的陆游于沉郁悲愤中写下传世诗作《书愤》：

早岁那知世事艰，中原北望气如山。
楼船夜雪瓜洲渡，铁马秋风大散关。
塞上长城空自许，镜中衰鬓已先斑。
出师一表真名世，千载谁堪伯仲间！

陆游的诗名还得益于他年轻时写下的一首《钗头凤》，描写他和表妹唐琬间凄美的爱情，古往今来，不知道打动了多少人的心灵：

红酥手，黄縢酒，满城春色宫墙柳。东风恶，欢情薄。一杯愁绪，几年离索。错，错，错！

春如旧，人空瘦，泪痕红浥鲛绡透。桃花落，闲池阁，山盟虽在，锦书难托。莫，莫，莫！

陆游与辛弃疾

嘉泰二年（1202），朝廷诏陆游入京，担任同修国史、实录院同修撰一职，主持编修孝宗、光宗《两朝实录》和《三朝史》，官至宝章阁待制，书成后，陆游又辞官而去，长期蛰居山阴老家。

陆游在诗、词、文三个领域均获得较高成就，同是南宋爱国诗人的刘克庄就曾经拿陆游和辛弃疾做过比较：“激昂慷慨者，稼轩不能过。”陆游创作颇丰，其《剑南诗稿》收诗9000余首。

辛弃疾来看陆游时，陆游已经78岁高龄了。

辛弃疾和陆游不仅都是主战派的爱国诗人，而且，两个人的政治主张和官场经历，也颇多相似之处。作为晚辈，辛弃疾对陆游一直心存敬意，视为同仁。而陆游很早就知道辛弃疾在北国的传奇经历，又十分叹服辛弃疾的诗词创作才华，两位诗人虽然年龄上相差15岁，却一见如故，惺惺相惜，自然倾心深谈，共议国事。除了交流官场与朝廷里做官的体验、得失，两人更多的是针对当下朝廷和韩侂胄即将兴兵伐金，交换各自的观点，说到高兴处，他们竟击案相庆，真是相见恨晚。

在带湖和瓢泉隐居的这些年，辛弃疾利用过去的一些朋友资源，也让辛忠兼着做一些生意，有些额外的收益，手头算是比较富裕。这次，辛弃疾见陆游隐居的家园局促简陋，好几次提出要给他买地置办田舍，都被陆游拒绝了。为此，陆游还专门给辛弃疾看了他曾经写下的那首《草堂》诗：

幸有湖边旧草堂，敢烦地主筑林塘。
漉残醅瓮葛巾湿，插遍野梅纱帽香。
风紧春寒那可敌，身闲昼漏不胜长。
浩歌陌上君无怪，世谱推原自楚狂。

知道了陆游的心思，看到老诗人决绝的态度，辛弃疾只好作罢。

从那以后，辛弃疾一有空闲，就来山阴看望陆游，两颗伟大的心灵能够在那个时代相遇相撞，真可谓大幸之事。

嘉泰三年（1203）年底，辛弃疾奉召入朝。临行前，辛弃疾又来到山阴跟陆游依依惜别。陆游专门赠长诗一首，希望他能为国效力：

稼轩落笔凌鲍谢，退避声名称学稼。
十年高卧不出门，参透南宗牧牛话。
功名固是券内事，且葺园庐了婚嫁。
千篇昌谷诗满囊，万卷邺侯书插架。
忽然起冠东诸侯，黄旗皂纛从天下。
圣朝仄席意未快，尺一东来烦促驾。
大材小用古所叹，管仲萧何实流亚。
天山挂旆或少须，先挽银河洗嵩华。
中原麟凤争自奋，残虏犬羊何足吓。
但令小试出绪余，青史英豪可雄跨。
古来立事戒轻发，往往谗夫出乘罅。
深仇积愤在逆胡，不用追思灞亭夜。

——《送辛幼安殿撰造朝》

陆游书法作品
《怀成都十韵诗》

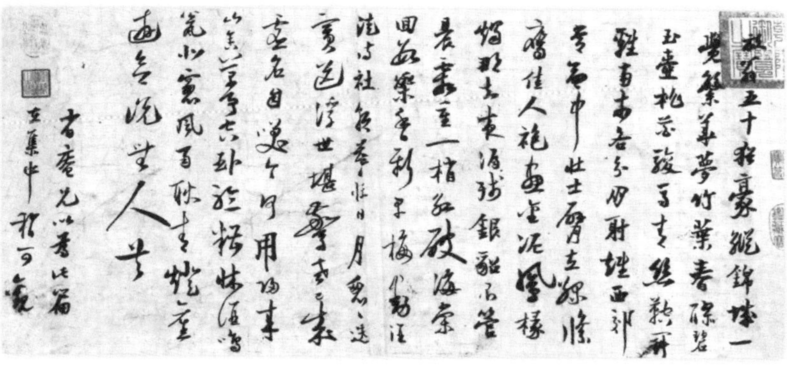

他将辛弃疾与管仲、萧何相比，足见对其评价之高。陆游还为辛弃疾的境遇鸣不平，认为朝廷对他的任用完全属于大材小用。陆游没有忘记嘱咐辛弃疾，如果哪一天拥有收复故国的机会，希望他能捐弃前嫌去辅佐韩侂胄北伐，全心全意投入到驱除女真的事业中。

诗歌是诗人内心愿望的直接抒发，而赠诗则是诗人表达心意的最高礼节。可以看出来，在陆游心中，辛弃疾不仅才华横溢，而且可堪重任。

有人说，有趣的灵魂总会相遇。这句话适用于辛弃疾与陆游，同样也适用于他和另外一个诗人，那就是姜夔。

姜夔生于南宋绍兴二十四年（1154），字尧章，号白石道人，饶州鄱阳（今江西鄱阳县）人，南宋文学家与音乐家。他从小家境贫困，多次科举考试未中，靠卖字和朋友周济为生。姜夔多才多艺，对诗词、散文、书法、音乐，无不精通。他的诗词优美卓越，感伤忧愤，清丽婉转，独具一格，兼有“清空”和“骚雅”之风。有人说他的清空出自苏轼，骚雅脱胎于辛弃疾。实际上，姜夔的诗词作品对苏轼和辛弃疾都有所继承和发挥，尤其是将两人开创的引诗、济词、以文为词的方法予以进一步发挥。杨万里对他的歌词赞赏不已，称他“为文无所不工”，还专门把他推荐给范成大。而范成大认为姜夔的作品高雅

姜夔

脱俗，有嵇康、阮籍等人的风范。

也难怪这些大家对姜夔都如此赏识，他还在22岁的时候，就写下过流传于世的名篇：

淮左名都，竹西佳处，解鞍少驻初程。过春风十里，尽荠麦青青。自胡马窥江去后，废池乔木，犹厌言兵。渐黄昏，清角吹寒，都在空城。

杜郎俊赏，算而今，重到须惊。纵豆蔻词工，青楼梦好，难赋深情。二十四桥仍在，波心荡，冷月无声。念桥边红药，年年知为谁生？

——《扬州慢·淮左名都》

此外，姜夔还是一位技艺高超的音乐家，在继承古代民间音乐基础上，对词调音乐的格律、曲式结构及音阶的使用有新的突破，能娴熟运用七声音阶和半音，形成清新雅致的独特风格。在南宋的瓦舍勾栏，时常都能听到歌女唱诵他的音乐和诗词，有人誉之为“裁云缝雾之构思，敲金戛云之奇声”。

这段时间，姜夔正好在绍兴隐居。辛弃疾本来对他的诗词就深为喜爱，所以一来到绍兴，就专程去拜访他。两个人有时相约同游，寄情山水，有时互相酬唱，切磋诗艺，交往甚多。

嘉泰四年（1204）三月，临安（今杭州）发生一场罕见的火灾，连尚书省、中书省、枢密院等机构都被烧到，三千多民房被焚毁，姜夔在临安的屋舍和藏书被尽数烧光。此时，救济他的朋友已逝去，他再次失去经济来源，生活难以为继，尽管已经60多岁了，却仍然不得不为生计

宋宁宗

奔波。

与姜夔相比，辛弃疾的凄凉却更多发生在内心深处。

也就是在临安大火前后，辛弃疾回到临安，再次受到宁宗皇帝的召见。

此时，金世宗完颜雍已于几年前去世，完颜璟继位，是为金章宗。金章宗继位头几年还算是朝政清明，被称为“明昌之治”。到了后期，黄河泛滥、改道，中原灾祸不断，金国国力受到严重影响。加上蒙古部落渐渐崛起，金国处处受到挤压。在朝廷内部，完颜璟慢慢失去当初的开明与睿智，开始沉迷酒色并宠信奸臣胥持国，渐渐失去人心。

对金国的运势，韩侂胄在大局上的判断是有一定道理的。但是，他主张北伐更多是出于捞取政治资本的私心，动机不纯，而且他对宋金局势判断有误，过度轻视金国兵力，同时忽略了南宋军事力量薄弱的现实。

宁宗皇帝对辛弃疾的召见，也就主要围绕北伐方面的问题展开。

经过长达几十年的仕途生涯，辛弃疾已过耳顺之年，虽不能说心如止水，但的确已达到对一切变故都能处之泰然。在与皇帝面对面的交谈中，他坦诚相向。他认为金国必乱必亡，北伐复国势在必行，但收复之战是一项系统工程，其过程相当复杂，绝不可能一蹴而就。他还委婉地建议皇帝，要把率领军队的重任交给那些经验丰富的宿将名臣。特别是最后这条建议，辛弃疾的言外之意已非常明显，如果在抗金灭金的大业上一味倚重韩侂胄这样不懂打仗的权臣，就未必能够如愿。

也不知皇帝没有听明白辛弃疾的深意，还是干脆继续装糊涂，召见归召见，问也问了，原来的思路该怎么样还怎么样。

之后，辛弃疾升职为宝谟阁待制，另外还加上一个提举佑神观的虚职，却免去了他浙东安抚使的职务。

就在临安城那场大火之后不久，辛弃疾又被任命为镇江知府。

镇江位于长江三角洲西段，古称“润州”，是著名的江南鱼米之乡，范仲淹、沈括都曾在此居住过。这里北邻长江，虽然距淮河前线还有一段路程，但在过去也经常成为宋金战争的拉锯地带。这里还是辛弃疾的岳父范邦彦的老家。

镇江还有一位辛弃疾的年轻朋友刘宰。刘宰也是一位卓有成就的诗人，辛弃疾隐居上饶时期，他曾经在那里做过官。知道辛弃疾入主镇江，刘宰非常高兴，给辛弃疾写了一封贺信，说他“卷怀盖世之气，如圯下子房；剂量济时之策，若隆中诸葛”。

1205年，宋宁宗赵扩为图吉利，特意将年号庆元改为开禧。

尽管始终没有能够进入韩侂胄准备北伐的核心阵营，尽管对那些靠阿谀逢迎取得皇帝信任的人没什么好感，但辛弃疾一来到镇江，站在长江边上感受着阵阵威猛的江风吹拂，隐隐约约嗅着战争的气息，仍然禁不住胸中豪情澎湃。朝廷如果真的打响收复故土的战争，只要有机会，辛弃疾肯定不会袖手旁观。

到镇江任上，他立即发挥自己擅长情报工作的优势，分别派出几路探子向北渡过淮河，深入金人统治区获取有用信息。同时，他还打算在长江和淮河之间的地域里，征募一万精兵，以备战时所需。

宗泽

那一段时间，除了正常的公务，辛弃疾经常坐轿或者骑马来往、逡巡于长江沿岸，思索即将到来的北伐战争和国家未来局势的走向。

镇江东北的长江南岸有一座山，叫京岘山。当年抗金名将宗泽的夫人病逝，宗泽就将她埋葬在此处的陈家湾，并赋诗一首：“一对龙湖青眼开，乾坤倚剑独徘徊，白云是处堪埋骨，京岘山头梦未回。”几年后，69岁的开封留守宗泽因无力匡扶故国含恨而去，全城官民闻悉后均痛哭不止。随后，他的爱将岳飞和儿子宗颖一起扶柩至镇江，将其与夫人陈氏合葬于京岘山麓。辛弃疾到镇江任职后，曾专门来此拜谒这位爱国名将与抗金前辈。

京岘山西北不远处，还有一座山，也紧邻长江，叫北固山。山上矗立着一座古老的亭子，为东晋重臣河南人蔡谟所建，称北固亭，或北顾亭，又叫凌云亭、摩天亭或天下第一亭。

开禧元年（1205）五月的一天，辛弃疾处理完一天的公事，又一次来到北固山，立于北固亭下，眺望着江北一望无际的沃野，扬州城的影子模糊在望。此时，正是夕阳西下的时候，66岁的辛弃疾一阵心潮涌动。南归的岁月如在眼前，43年的时间恍然飞过，当年的翩翩少年如今白发苍苍，复国之路前途未卜。

想到这一切，他的思绪飞越时空，连接起苍茫无限的历史往事，金戈铁马，烽烟滚滚，成败得失，一一历数。一阵浓烈的诗意袭来，势不可挡，一首流传后世的名作就此诞生：

千古江山，英雄无觅，孙仲谋处。舞榭歌台，风流总被，雨打风吹去。斜阳草树，寻常巷陌，人道寄奴曾住。想当年，金戈铁马，气吞万里如虎。

元嘉草草，封狼居胥，赢得仓皇北顾。四十三年，望中犹记，烽火扬州路。可堪回首，佛狸祠下，一片神鸦社鼓。凭谁问：廉颇老矣，尚能饭否？

——《永遇乐·京口北固亭怀古》

辛弃疾的词有一个明显的特点，就是在通俗易懂间还善用典故，这

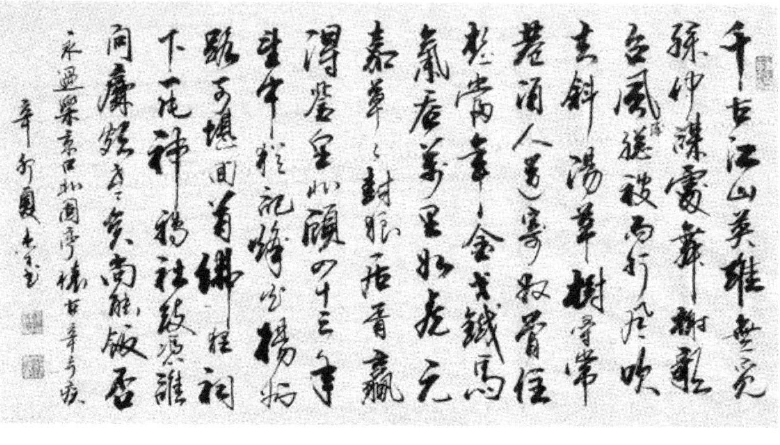

辛弃疾的《永遇乐·京口北固亭怀古》

首词就是一个典型。

镇江曾经是南朝刘宋开国皇帝刘裕住过的地方，刘裕的小名叫寄奴。刘裕曾经指挥着千军万马，驰骋疆场。到他儿子宋文帝刘义隆这里，情况就完全变了。刘义隆为继承父亲遗志，曾三度出师北伐，都无功而返，甚至引狼入室，反导致北魏长驱直入，饮马长江。而打败刘义隆的北魏太武帝拓跋焘，他的字是佛狸，曾经挥斥方遒，屡败其他北方少数民族大军，后来他击败刘义隆时，还在长江北岸江苏六合县东南的瓜步山上建立行宫，也就是后来的佛狸祠。

这些巧妙镶嵌在词里的历史人物和故事，简直就是对当时南宋即将启动的北伐说出的警世箴言。

除了说北伐，辛弃疾还不无伤感地说到自己。43年前，他率领山东忠义军从山东杀回南宋时，经历过扬州的硝烟战火，一切如在昨日，如在眼前。但现在自己的确已经老了，就像当年的廉颇一样。

廉颇

廉颇和蔺相如的故事为人熟知，但廉颇的结局却少有人闻听。廉颇后来受人谗言，不被赵王重用，被迫去了大梁（今河南开封），魏王虽然收留了他，却对他并不完全信任。赵王很想再任用廉颇，他也想回去为国效力。后来赵王派使者带着一副名贵的盔甲和四匹快马到大梁去慰问廉颇，看他是否还能打仗。仇人郭开唯恐廉颇受到重用，便暗中贿赂使者，唆使他编造廉颇的坏话。廉颇在赵国使者面前一顿饭吃了一斗米和十斤肉，还专门披甲上马，展示英姿。但那个使者回去后却向赵王报告说：“廉将真的老了，虽然饭量还很好，可没多大会儿就拉了三次屎。”

廉颇就这样失去再次被任用的机会，再后来，他又到了楚国，也没再有什么建树，最后，以80多岁的高龄孤独寂寞地死在楚国的寿春（今安徽寿县）。

辛弃疾的意思已经非常明白，如果廉颇活到现在，会不会有人来探问他饭量与身体如何，还能不能率兵打仗呢？

原来，在辛弃疾的内心深处，一直都埋藏着一个“封狼居胥”的梦——去获得一个武将的最高荣誉。当年，爷爷辛赞给他取名字的时候，就想到过这一点。“弃疾”不仅仅是要去掉疾病，更是要他能够像霍去病那样建功立勋。在他心中，那个“廉颇”是永远不会老的。

然而，就是这样一首词，给辛弃疾晚年的命运变化埋下了一个转折的伏笔。

第十四章

瓢泉倦心安　铅山遗恨长

开禧元年（1205）六月，就在辛弃疾写下《永遇乐·京口北固亭怀古》后不久，朝廷往前线各处派驻军队准备北伐之时，却一纸任命将辛弃疾调离镇江，改任隆兴（今江西南昌）知府。镇江本来就不算是真正的前线，而隆兴在镇江西南600多公里地以外，就更是大后方了。然而，辛弃疾还没来得及上任，韩侂胄一派的言官又开始拼力弹劾他，说他“好色，贪财，淫刑，聚敛”，皇帝听信，干脆直接把他给罢免了。

这些突如其来的变化，应该和辛弃疾对开禧北伐的态度和直接表露心声的《永遇乐·京口北固亭怀古》一词有关。韩侂胄本来要以北伐建立能够传之后世的不朽功勋，辛弃疾却在词里拿出南朝皇帝刘义隆北伐失败的历史加以警告，列出北魏太武帝拓跋焘祠庙的荒凉予以讽刺，这是他们和皇帝本人都无法接受的。而且，这时候，辛弃疾的词名在整个南宋已经名闻遐迩，此篇一出，很快就四处流传，影响甚大。很明显，这是和开禧北伐不一致的另类声音。

这一年的秋天，辛弃疾回到铅山。和以往不一样的是，这次归来，辛弃疾再没打算离开。

1206年初，皇帝再次任命辛弃疾为浙东安抚使，辛弃疾已经完全看清楚宋金对抗的大局走势，不愿意再去蹚这一池浑水，就上书坚决推辞了。

也就是在这个时期，在蒙古草原，铁木真经过多年的努力开拓，正式宣布建立大蒙古国，尊号成吉思汗。

到了五月，在韩侂胄的主导下，南宋贸然发动北伐。山东京东招抚使郭倪派兵攻安徽泗州，建康府都统制李爽率部攻安徽寿州，江陵府副都统制皇甫斌攻河南唐州，江州都统制王大节攻河南蔡州。

刚开始，宋军出师还算顺利，先后收复泗州、华州（今陕西渭南）等地，连年迈的陆游听到这些消息，都欣喜若狂。朝堂上下也一片欣喜。然而，很快，宋军就遭到金军大反扑，除了镇江副都统制毕再遇连战皆捷外，几支进攻路线上都遭受挫败，金军乘胜分几路南下。四川宣抚副使吴曦叛宋降金，割让所辖四州给金国。

眼见在这么短的时间内就大势已去，南宋只好再次向金人求和。但是，这次金人开出的价码很高，除了称臣割地，还要求南宋惩办发动战争的首要人物。

经过多年的党禁与以“伪学”之名对知识分子的彻底清洗，加上韩宰相独断专权、蒙蔽皇帝已久，原来大部分的异己力量都被逐出临安，特别是在军事人才方面，朝廷已无人可用。

无奈之下，他们想到了半年多前愤而回到江西铅山隐居的辛弃疾。这时候，他陆陆续续在铅山瓢泉隐居已有10年。

到了年末，67岁的辛弃疾被任命为龙图阁待制，知江陵（今湖北荆州）府。按照当时的惯例，新官上任之前要先到临安与皇帝见面，陈述自己的感想和为官策略。龙图阁待制是南宋一个荣誉官位，一般在起草诏令的知制诰之下，从四品，兼任的江陵知府倒是个实职。这时候，辛弃疾从镇江知府任上回到铅山已一年有余，之前的草率任用与随意罢官，早已使得他心灰意冷，加上年龄渐老，辛弃疾的身体也出现了许多不好的状况，行动多有不便，腹部与腿部的顽疾偶尔发作，精力明显不济。

外部战事不顺，宫廷内部的斗争却变本加厉。前不久才经历过失败的皇帝虽然表面上仍支持韩侂胄再战，心里却早已存有不满之意，开始悄悄倾向主和派，光复之念敲响退堂鼓。刚刚回到临安的辛弃疾，对于这一切看在眼里，忧在心中，同时也对自己的任职产生深刻的怀疑。

皇帝的犹疑与徘徊自然表现在对人事的安排上。被任命为江陵知府的辛弃疾还没有来得及上任，朝廷又变了，将他改任为兵部侍郎。这本是个相当于国防部副部长的官职，看上去也算是比较重要，又是在战时。但实际上，在宋宁宗时，兵部完全受制于枢密院，没有多少实质性的权力。辛弃疾心里十分明白，之前韩侂胄决定北伐时本就想鳌头独占，担心有人分走功劳，并未将辛弃疾纳入光复中原的主要阵营，而是起用一批他所亲近的无德无才与胆小如鼠之辈，后来的战事一开随即全线溃不成军就是明证。现在，败局已定，皇帝心冷，需要有人来支撑危局，或者是担当替罪羊的角色，他才想到辛弃疾。这次回到临安后，辛弃疾彻底看透了韩侂胄的处境和用意。韩侂胄试图通过北伐挽回名分的损失，同时也为了打击朝中的政敌，重获皇帝的倚赖，出师不利的情况下，在一片激烈的反对声中，仍然执意再战，完全不顾生灵涂炭和国家的军事、财政状况。

回到京城的辛弃疾，看到如此现状，先前心里怀抱着的一线希望也随之破灭。当朝廷派人把改任他为兵部侍郎的诏书送达辛府时，辛弃疾早已下定坚辞不受的决心。面对枢密院来使，他将目光转向远处，盯着院子里那棵高大的樟树树冠，语气坚定地说："侂胄岂能用稼轩以立功名者乎？稼轩岂肯依侂胄以求富贵者乎？"

他大声说出的话，声音洪亮，字正腔圆，仿佛在空中盘桓了一阵儿才消散开去，听得来送委任状的人都惊呆了。同时，辛弃疾还迅速拟写一份简短的辞呈，交付好久才缓过神的使者。朝廷很快传来回信儿，皇帝不接受他的辞呈。辛弃疾不敢怠慢，立即再次拟写了一份辞书，恳切地表达了自己多病缠身，走路都很困难，恐有误社稷重事。

这一次，皇帝准许了。

听说辛弃疾身体不好，很多朝中旧友纷纷前来探望。辛弃疾正好借此机会与朋友们一一告别。他马上就要回江西铅山，此一去不知何时才能再返南宋首善之城，或许这是最后一次了。想到这里，他的心情不免有些悲凉。

开禧三年（1207）夏天，辛弃疾满怀忧伤地离开杭州，一路乘船骑马，向着已然成为他“故乡”的铅山瓢泉奔去。这时候，北方的战事还没有完全停歇下来，南宋军队吃败仗的消息和朝里战与和两派斗争消长的情状不断传往南方，传到仍在路途的辛弃疾这里。

江西铅山的瓢泉

也许真的是老天不长眼睛，这年春夏之交，南方灾情不断。大旱从五月份就弥漫南国，皇帝都亲自到郊外的祭坛祈雨。没想到还真的“管用”，很快大雨就来了。但更没想到的是，大旱之后却是大涝，灾害一直持续到这年底。长江沿岸的州郡都被大水淹没，百姓尸横遍野，民生凋敝。辛弃疾从杭州一路回到江西，目睹了浙南与赣东的灾情惨状，再联想到国家这些年的发展态势，金朝对北国的奴役已经80年了，而南宋朝廷北伐的念头似乎一直都有，可条件从来都没有真正成熟过。实际上，偷安的想法似乎总是占据上风。

想到这些，辛弃疾心中的悲愤与失落就愈加沉重。

回到铅山不久，辛弃疾就染上了重病，很长时间没有见好。他情绪低落，有时头疼欲裂，原先的腿疾更加严重，在丫鬟的搀扶下也走不了多远，呼吸也不那么舒畅，总是喘息不止。在过去，除了有过几次生病，辛弃疾的身体还算康健，而现在，生命衰败到这种地步，和国家的形势十分相似，他的脾气也开始变得暴躁，有时难免会发些无名之火，甚至对身边人恶语相向。家人看到他这个样子也都急在心里，却束手无策。从铅山县城请的老中医倒是定期前来探望，把脉开药，询问病情，但整个夏天就要过去了，情况未见丝毫好转。

辛弃疾的腰身已有些佝偻，脸颊眼角也有了不少皱纹，步履也变得缓慢，岁月的更迭和命运的蹉跎在他身上留下了深浅不一的印迹，只有眼神还像原来那么明亮。

这天早晨，太阳已经老高，刚刚起床的辛弃疾禁不住连着叹了几口长气，一行老泪顺着面颊缓缓流淌下来。

一旁的书童一时有点不知所措，拿着毛巾去给辛弃疾擦拭。他慢慢地摆手，示意书童出去，他要自己坐一会儿，整理整理情绪。这次生病半个多月了，这两天才稍微有些好转。早晨醒来，感觉身体各处仍有这样那样的不适，辛弃疾的心情很是糟糕。

此时正是秋天时节，瓢泉的水很旺，隔着老远就能听到潺潺的流水声。窗外的毛竹林已经长成，今年新出的竹子已蹿出四五米高，和原来的老竹融混在一起，鸟的叫声从竹林的上面降落，偶尔有山鸡的嘶鸣从远处传来，秋天的悲凉感被这些声音渲染着，加深着。

半小时后，一台坐轿来到门前。起床后，感觉身体与往日比有明显好转，辛弃疾就忽发奇想，要到鹅湖书院去走一趟。自从安居铅山瓢泉以来，辛弃疾去过无数次鹅湖书院，到那里读书、会友、喝茶，还在那里陪同过挚友陈亮。而最近，因为身体原因，好长时间没去那里了。

小妾钱钱出得门来，叮嘱轿夫路上注意安全，并小声告诉辛弃疾，希望他早点回来。钱钱是辛弃疾几年前从上饶瓦舍勾栏里收纳的艺妓，今年30岁出头，生得明眸皓齿，性情倒也温柔，范氏去世后，辛弃疾的日常起居主要由她和林落音照顾。

鹅湖书院的墙壁斑斑驳驳

和从前的热闹相比，鹅湖书院冷清了许多。秋天已经很深，寺院里来客不多。辛弃疾下得轿来，独步进入寺院。他沿途随意转了转，看到读书堂中，有年轻学子和孩子在摇头晃脑地学习经典，也有老师在讲坛上认真宣讲。鹅湖书院是辛弃疾最愿来的地方，这里的悠远意境和浓郁的书香都强烈地吸引着他的身心。

尽管已经是秋天，鹅湖却依旧山色青葱，丝毫没有北国深秋的凄凉，反而呈现出一派清凉的仙境风光。在鹅湖书院的院子里，他踱来踱去。秋风吹过竹林，吹过树梢，吹动他的衣襟，过去的许多情景在他脑海里一一闪过。

从鹅湖书院回到家中，已经临近中午，一进家门，辛弃疾就看见了朝廷的使者。

皇帝赵扩又想到了他。

因为和金国的停战谈判一直不顺，南宋负责交涉的官员总是在换，却始终没能达成协议。谈来谈去，有些条件不断修改，可金国死死咬住一点，那就是一定要看到发动这次北伐战事的韩侂胄宰相的首级。宁宗皇帝当然不会顺顺当当答应这个条件。但在他内心，对韩宰相的信任已大减。

韩侂胄任宰相以来，在宁宗皇帝盲目信赖与纵容下，大量任用无才无德的亲信，而那些真正的人才只要不依附于他，就很难在朝廷的权力中心谋得一席之地。现在国家又到了用人之际，皇帝环顾左右，实在没有什么人可堪重任，于是，他就又想起了辛弃疾，要任命他为枢密都承旨。这可是个非常重要的职位，主要负责传达皇帝命令与管理枢密院内部事务，并监察枢密院中低级官员。

而且，来者还说，皇帝的意思，是要他即刻启程赴临安上任。

但是，这一次，辛弃疾只能再次坚辞不受。

即使是廉颇，也有真正老去的那一天。

朝廷使臣的背影消失在瓢泉别墅的门口，厚重的大门徐徐合上，院子里的光线明显暗了一下。

拄着拐杖，被人搀扶着站在屋檐下的辛弃疾，望着大门的方向，目光久久不动。就像他所处的这个时代一样，不管是无力的白昼还是漫无边际的黑暗，时间就像一层大幕，从来没有如此沉重地笼罩住他的身心，而且严严实实。

此刻，他突然有一种明显的预感，上天留给他的时间已经不多了。

那天从鹅湖书院回来，送走皇帝的使者后，辛弃疾再次病倒，从那以后，一直没能好转。

时间进入农历九月，南方的天气也越来越凉。久卧病床的辛弃疾已经很少下地活动，每天的饭量也越来越小。

到了九月初十，辛弃疾的状态变得越来越不好，一会儿昏迷，一会儿清醒，连米汤也很难下咽了。

辛弃疾的意识开始模糊，有人呼唤他，他只是微微睁开眼睛，好像没有更多的力气来回应。

临近黄昏的时候，窗外的风也越来越大，又一个南国的夜晚在不安中提前降临。不一会儿，一场瓢泼大雨不期而至。

两眼瓢泉已经满溢，此时正聚合着大量的雨水，迅疾地向外流淌，不断卷起浪花，汇入不远处的溪流中。大雨持续了很长时间，雷电交加，竹林在狂风中发出哗哗的声音，听上去像是千军万马在鸣叫，在行进，在厮杀。

辛弃疾魁梧的身体蜷缩在床上，他徐徐睁开眼睛，久久盯着屋顶。一晃而逝的闪电将窗外漆黑的山体照得通亮，旋即又黯淡下去，辛弃疾偶尔会看看那里。在他渐渐飘忽的意识里，一生的往事就像放电影一样，从他的脑海里一一闪过。

从鹅湖书院到上饶带湖别墅，从建立飞虎队的长沙到讨伐反叛茶商的赣州，从辽阔的楚天吴地到茫无际涯的北方沃野，一幅幅画面从他眼前倏忽出现，倏忽消失。接着是一张又一张熟悉的面孔，朱熹、陆游、陈亮、吕祖谦、叶衡、姜夔，他们的脸都带着不同的笑意。然后是皇帝，宁宗、光宗、孝宗、高宗，好像每一次召对都使得他充满希望，但每一次又都一样，只是走走过场。现在，他们的脸不断地聚集在一起，好像是同一张脸。然后一阵风吹过来，这张脸也灰尘一样散发而去。还有一座座城市和一道道巷陌，镇江、福州、绍兴、扬州、临安、建康，等等，那里的南国美景和吴侬软语，仿佛重新笼罩着他，吸引着他。

又一道闪电掠过，辛弃疾的眉头稍微皱了一下。

他看见了长江，看见了淮河，也看见了黄河。他似乎看见了年轻的自己，正骑着一匹风一样的骏马，奔驰在祖国辽阔的大地上。也许他在南归，向着曾经寄予美好希望的朝廷。也许他在北返，在那个去抓捕张安国的黢黑夜晚。或者，他正归心似箭地奔跑在归乡的路途中。离开家乡济南45年了，他再也没有回去过。那里生活着他的同乡，那里埋葬着他的先人，那里曾经养育过他的童年和少年。在北返的途中，他还看到了亳州，少年的他坐在教室里，大声念诵着古诗。他还看到了开封，看到了铁塔和龙亭，看到在那里安居乐业的北宋子民。

实际上，对于辛弃疾而言，他倾其一生的努力，都在做着一个北返的大梦。他既想早日回到家乡济南，更想早日回到大宋曾经的都城开封。可悲的是，他的后半生却一直生活在这场大梦之外。

最后，他看见了济南。看见了华山、千佛山，看见了趵突泉、大明湖，看见故乡四风闸村，村头的那口老井还静静地等在蓝天下面，龙泉寺那两棵高大的银杏树仿佛在向他频频招手。

爷爷辛赞从官轿里下来，慢慢地向他走近。父亲辛文郁弯下身来伸开双臂要拥抱他。母亲的脸缓慢地贴近着，就像是一轮明月要将他的身心照亮。他好像重新回到灵岩寺山中，回到东平城外，旌旗摇动，呐喊动天，忠义军首领耿京骑在高头大马上，手持一杆红缨长枪，向他挥舞着。突然，他看见了金兵，那些高鼻深眼的异族人，手持各式武器，面目狰狞，成群结队，恶声号叫着向他的家乡扑去，向他的亲人扑去……

辛弃疾溘然长逝

昏迷已久的辛弃疾猛地睁开眼睛，右手从被子里伸出来，指指挂在墙上的那把棠溪宝剑，然后在空中使劲向下挥动，一下，一下，像是真的有一把剑在他手里。这时候，人们听见从他的胸腔里发出几声喊叫：“杀贼！杀贼！杀贼！”

很快，他的手就从床边无力地垂下，一动不动了。他眼中的光已经彻底熄灭，却仍盯向那把宝剑。窗外，是南国无边的黑暗夜空。

一代词人辛弃疾，满怀遗恨撒手人寰。

他就像是一颗明亮的星辰，消失在那个阴暗颟顸的年代，消失在那个苟且偏安的朝代，消失在那个对他来说生不逢时的时代。

在辛弃疾离世79年前，也就是1128年7月29日，那位发现了岳飞的抗金名将宗泽，在任东京（今河南开封）留守期间，曾连续20多次上书宋高宗赵构，力主还都东京未果，弥留之际的宗泽念念不忘北伐，在连呼三声“渡河！渡河！渡河！”后溘然长辞。

看来，面对失国的痛苦和软弱的人君，英雄的生与死都有着同样的苍凉悲壮。

开禧三年（1207）十一月十三日，也就是辛弃疾含恨去世后不到两个月，宰相韩侂胄在上朝的路上，被杨皇后和史弥远派人挟持到夹墙里，活活打死。不久，南宋朝廷为满足金国提出的条件，将韩侂胄尸体从坟墓中挖出，把首级割下来送给金国，换取“嘉定和议”的签署。原来金国对南宋以叔侄相称，这次和议中，金国又加了个条件，将之改为伯侄。南宋朝廷再次放弃收复故国的念头，连年号都从“开

辛弃疾长眠之所

禧”改成“嘉定”。

死去的没有得到解脱，活着的还要继续遭受折磨。

这些不幸的消息不断传到越州山阴，陆游悲痛万分。

南宋嘉定二年农历十二月二十九日（1210年1月26日），85岁的诗人陆游也与世长辞。临终之际，他写下那首著名的绝笔诗《示儿》：

死去元知万事空，但悲不见九州同。

王师北定中原日，家祭无忘告乃翁。

他和辛弃疾都没有想到的是，此后，南宋的“王师”再也没有“北定中原”的能力和机会了。

再之后69年，即1279年，广东崖山海战后，10万南宋军民与小皇帝一起跳海殉国，南宋彻底灭亡。

再之后700多年，当代哲学家冯友兰说：“稽之往史，我民族若不能立足于中原，偏安江表，称曰南渡。南渡之人，未有能北返者：晋人南渡，其例一也；宋人南渡，其例二也；明人南渡，其例三也。风景不殊，晋人之深悲；还我河山，宋人之虚愿。”

济南人辛弃疾就是在这个“还我河山”的虚愿中，度过了慷慨悲歌的一生。值得欣慰的是，也正是这北伐复国的宏愿，成就了他名垂千古的诗词创作。他的生命和诗词，成为中国一道颇为传奇的风景。